给新时代初中生的50节

生命指导课

徐锡华 著

山东友谊出版社·济南

图书在版编目（CIP）数据

给新时代初中生的 50 节生命指导课 / 徐锡华著 . —济南：山东友谊出版社，2021.6

ISBN 978-7-5516-2321-6

Ⅰ . ①给… Ⅱ . ①徐… Ⅲ . ①生命哲学—初中—教材 Ⅳ . ① G634.201

中国版本图书馆 CIP 数据核字 (2021) 第 114398 号

给新时代初中生的 50 节生命指导课

GEI XINSHIDAI CHUZHONG SHENG DE 50 JIE SHENGMING ZHIDAO KE

责任编辑：王　苑
装帧设计：刘洪强

主管单位：山东出版传媒股份有限公司
出版发行：山东友谊出版社
地址：济南市英雄山路 189 号　邮政编码：250002
电话：出版管理部（0531）82098756
市场营销部（0531）82098035（传真）
网址：www.sdyouyi.com.cn
印　　刷：山东省东营市新华印刷厂

开本：880mm × 1230mm　1/32
印张：7.375　**字数：**180 千字
版次：2021 年 7 月第 1 版　**印次：**2021 年 7 月第 1 次印刷
定价：30.00 元

把美好带进校园

◎朱永新

2020年秋，北京实验学校附属中学校长徐锡华给我送来了他的一部手稿，告诉我，这是他几年来写给自己学校的学生与自己孩子的文字，是按照“新教育实验”中“聆听窗外声音”的理念，围绕着孩子们成长中的困惑、问题所做的解答与剖析。他说，这本书是“新教育实验”的一个成果，希望我能为之写一篇序言。

锡华在“新教育”这片试验田中耕耘已久，他主持山东省日照市教育科学研究所工作的那段岁月，恰恰是“新教育实验”在日照这片热土上生根、发芽、开花乃至结果的时期。我清晰地记得当年自己应徐清副市长之邀，在日照播下了“新教育实验”的第一粒种子；也清晰地记得日照承办“新教育国际高峰论坛”“全国新教育开放周”时的盛况。2012年，《新教育实验让日照孩子“幸福学习”》获评日照市2011年度十大民生新闻；2013年，《实施“十大行动”，实现“五大改变”——日照市全面开展新教育实验》又获该市年度机关工作创新成果一等奖。日照教育界的朋友都说，新教育为日照教育的发展增添了强大的动力——其高考录取率能连续多年稳居山东省第一方阵，其教育工作群众满意度能连续多年位居全省第一，新教育功不可没。我知道，为了把新教育打造成日照教育的一张亮丽名片，锡华是用心用力了的。

后来，锡华去了北京发展，在北京实验学校附属中学担任执行校长。上任伊始，他就努力践行新教育理念，把“聆听窗外声音”等教学实践带进课堂。为了让学生更好地成长，锡华亲自为他们开设了这门“生命指导课”，并且把上课的时间定在开学典礼、青春礼、毕业典礼等特殊时刻，使其针对性更加鲜明。从“让努力成为一种习惯”“是什么能让自己变得优秀”，到“做时间的朋友”“别让手机偷走了你的梦想”；从“让阅读陪伴成长”“健康是人的第一财富”，到“不要生活在别人的世界里”“如何更好地利用网络提升自我”……可知他不是以校长的身份居高临下地进行训诫，而是像一个诲人不倦的长者，娓娓讲着故事，像一位温和宽厚的父执，与晚辈平等地对话交流。

虽然锡华的这门课程不是“新教育实验”中真正意义上的“聆听窗外声音”，但作为校长的他，通过大量的阅读与思考，将“窗外声音”带进了课堂、送入了师生耳中，其贡献不言而喻。其实，新教育的宗旨是让师生们过上一种幸福、完整的教育生活，只要能让师生们享受求知探索、享受交流合作、享受自己的成长，就是把握了新教育的要义，就是践行了新教育的理念。

锡华是一个勤于思考、笔耕不辍的人，我由衷地期待他能凭着这份热忱与刻苦，将更多美好的“窗外声音”送至更多师生的耳畔心间。

（本文作者系全国政协常委、副秘书长，民进中央副主席，
“新教育实验”发起人）

教育的魅力在于唤醒

◎曾军良

锡华同志的著作《给新时代初中生的50节生命指导课》即将付梓，这是他从山东日照来到北京实验学校以来研究和探索的重要成果，体现着一位有思想的教育工作者对教育问题的敏锐洞察力与深刻反思力。读罢，我在惊喜之余，深感欣慰与敬佩。

怀特海在《教育的目的》中指出，学生是有肉有血的人，教育的目的是激励和引导他们走自我发展之路。北京实验学校历经十年的探索与实践，提出了“魅力教育”的办学理念：构造“一方池塘”，服务孩子“自然成长”；点燃“一束火焰”，启迪孩子“自己成长”；敲打“一块燧石”，引领孩子“自由成长”；推开“一扇大门”，促进孩子“自觉成长”。这一办学理念与怀特海的观点不谋而合。

2015年6月，为推动教育均衡发展，彰显“魅力教育”的品牌魅力，担当起为“实现中华民族伟大复兴”而发展教育事业的神圣使命，我们遵照北京市领导的指示，承办了平谷区的四所学校，锡华同志到北实附中担任党总支书记、执行校长，开启了“魅力教育”在北京远郊区县实践与探索的新航程。

锡华同志是教育百花园中满怀教育激情的浪漫歌者，更是一个有着坚定教育信念的勇毅行者。在北实附中，他大力发扬“勇于担当，善于超越”的“北实精神”，锐意改革，积极进取，使“魅力教育”在平谷区顺利地生根发芽、开花结果，从而开创了教育教学新格局，书写了“学生向往、教师幸福、社会满意”的办学传奇，为“魅力教育”品牌的“普适性”提供了鲜活的样板与有力的证明。

锡华同志总是敢于直面教育中的实际问题，善于质疑，勇于挑战。作为执行校长，他不是坐而论道，而是努力探索解决问题的良方，亲自为学生上“生命指导课”，身体力行，现身说法，对教育中的一些前沿问题深入剖析、科学阐释，并提出具体可行的应对策略。这是十分难能可贵的。

教育的魅力在于唤醒。关注学生成长，以生命唤醒生命，这是我在阅读本书时的深切感受，也是锡华同志撰写本书的立意所在。愿锡华同志扎根教育这片深厚的沃土，践行“魅力教育”的理念，续写“魅力教育”的传奇，引导师生享受教育的魅力、感受教育的美好、成就美好的未来。

（本文作者系北京实验学校党委书记、校长）

自序

让每个人成长为最好的自己

教育的终极目的是什么？这是每一个教育工作者都必须面对和深思的问题。朱永新先生认为，教育是一个大概念，是一个包含了生存、生活与发展的完整的生命流程。教育不仅要关注学生，更要关注教师，关注校长，关注父母，关注一切与教育息息相关的人——无论他是贫穷还是富有，是愚昧还是睿智。在教育这座百花园里，只有和衷共济，才有百花齐放。进一步说，没有教师的发展，就没有学生的发展；没有父母的发展，也不可能有孩子的发展——朱永新先生在2018年新教育国际高峰论坛上提及的核心发展论“为了一切的人，为了人的一切”，就基于此、源于此。

2015年，我来到北京实验学校附属中学（简称“北实附中”）工作。在设计学校文化理念的时候，我们提出了“绿苑”文化，因为“绿色”是自然生态的，是活力四射的，也是希冀满怀的！同时，由于北实附中坐落于号称“京城绿谷”、森林覆盖率超过60%的平谷区，故而称学校为“绿苑”，就既凸显了其环境特色，又寄托了我们的教育追求——办一所有助于每个学生健康成长的绿色学校。

学校文化的核心聚焦于“为了一切的人，为了人的一切”这一关乎成长的理念，“成长”不仅仅是教育的目的，更是我们教师与学生相知相伴的历程，我们希望每个在北实附中工作、学习的人都能在这个“绿苑”中获得启迪与成长。此外，我所说的“成长”还含有一种“全民教育”的理念。纵观世界，“全民教育”正逐渐化作一股不可抗拒的时代潮流，肩负着育人使命的学校，自然要义不容辞地挑起这一重担。“成长”之路的终点在“成人”，即成为“全面发展、和谐发展”的“最好的自己”。

在对“成长”的诠释上，我们参考了“魅力教育”创始人、北京实验学校教育集团校长曾军良先生的“魅力教育”理念：构造“一方池塘”，服务孩子“自然成长”；点燃“一束火焰”，启迪孩子“自己成长”；敲打“一块燧石”，引领孩子“自由成长”；推开“一扇大门”，促进孩子“自觉成长”。这既点明了教育者的责任——构造“池塘”、点燃“火焰”、敲打“燧石”、推开“大门”，又明确了“成长”的方式——自然成长、自己成长、自由成长、自觉成长。曾校长“魅力教育”理念的核心，就是构建良好的教育生态，让生命自由绽放、各成其美。这与“绿苑”文化不谋而合。因此，“成长”这一核心理念便贯穿于整个学校的教育活动之中。

在全国新教育实验第十五届研讨会上，我们聆听了朱永新先生

《拓展生命的长宽高》的主题报告。朱先生在报告中指出，生命有三重属性，即自然生命、社会生命和精神生命，而一个人只有兼具自然生命之长、社会生命之宽、精神生命之高，才能成为一个立体的人。也就是说，人生最终是否完整、幸福，取决于生命这三重属性。正如爱因斯坦所说："人们将学校看作向正在成长的一代人传递尽可能多的知识的工具。这是不对的。知识是死的，而学校却为活着的人们服务。学校应该在年轻人身上培养那些对于公共福祉来说有价值的品质与能力……学校教育的目的，一方面应该是使年轻人成为有独立行动和思考习惯的人，另一方面是使他们将为集体服务当作自己最高的生活目标。"

在文化多元化、社会信息化、经济全球化的新时代，各种不确定因素剧增，人们压力甚大，所以教育必须以一种崭新的面貌与视角，来迎接、审视新的挑战，深入、持久地关注人类自身，关心人的生存、成长和可持续发展，关心人与人、人与社会、人与自然唇齿相依的问题。

正因为有了这样的考量，所以我决定为学生开设"生命指导课"，每周一节，前后共讲了五十节。我按课程内容将这五十节课梳理成六个专题，即"认识你自己""让努力成为一种习惯""在不确定的状态下生存""做时间的朋友""和谁在一起""做一个有修养的人"，从自我认知、习惯养成、环境适应，以及惜时、交友、修身等方面入手，对学生的成长予以引导，以期为"绿苑"中每个学生的生命续航，拓展学生的生存能力与学习能力。

教育决定着人们生命的走向。朱永新先生告诉我们："人的成长，或者说教育的意义，就像筑造金字塔一般，以自然生命之长、社会生命之宽为底座，底座越牢固、越庞大，精神生命就越可能坚不可摧，直至高耸云霄。”

引导生命，积极生活，助益人生，使有限的生命绽放异彩，让每个学生成为最好的自己，是我们教育者的最高理想。为了实现这一理想，我愿与各位同仁一道，且歌且行，不断探索，使教育真正能够促进人们灵魂的转向，从而让每个成长中的人都过上一种“幸福、完整的教育生活”。

徐锡华

2020 年 5 月于北京平谷

写在前面

如何阅读这本书?

亲爱的读者，当你翻开这本书的时候，你会发现这是一本与众不同的书。

首先，本书围绕着初中生在日常学习、生活中遇到的具体问题，既分析了问题产生的原因与学生的心理机制，又给出了具体的应对策略和解决方法，让人有柳暗花明、如饮醍醐之感。其次，本书中的六个专题彼此相对独立，各专题中的每一篇文章亦然，你既可以从头到尾地逐页阅读，也可以先浏览目录，结合自身的问题，有针对性地阅读，还可以从自己的兴趣出发，从本书的任何一篇文章开始翻阅。本书结构、体例上的特点，让每一位读者都能在阅读方式上拥有自主选择权。

如果，你是一位初中生，那么恭喜你，你可太幸运了！你遇到了一位“良师益友”。你可能正纠结于自己的不完美、苦闷于父母对自己的不理解，抑或焦虑于各类考试与竞争……但当你翻开这本书后，你会发现很多问题都可迎刃而解，它会指导你学会享受初中阶段的美好时光，让你拥有一段难忘的青春岁月。

如果你是一位初中班主任，那么这本书就是帮你解决实际教学问题的得力助手：遇到沉迷网络不能自拔的孩子，你可以直接翻至“第三话”中《如何更好地利用网络提升自我》一文；而遇到那些对中考满怀焦虑的孩子，你则可以翻至“第六话”中《面对中考的三种良好心态》一文……

如果你是一位孩子正在读初中的家长，那你可找到打开孩子心门的“金钥匙”了。你最好从头阅读本书，获知初中生在成长过程中可能遇到的各类问题，明确这些问题的根源所在及相应的解决策略，使自己能够真正走进孩子的内心世界，与他们进行心贴心的沟通交流，以求在孩子成长的关键时期，给予他们正确的引导，做孩子的知心朋友，与孩子共同成长。

我之所以设计了不同的阅读方式，就是为了让不同身份的读者能各取所需，从书中获得有益的启示，让读者不论采取哪种阅读方式，都能感到轻松、有趣。

初中阶段是孩子人生中一个极其重要的时期，在一定程度上决定了孩子以后的人生走向，可它太短暂了，又太曲折了。所以，让我们从现在开始，呵护每一个青春萌动的生命。

希望这本书能够帮助大家完成这一伟大的使命。

目录

第一话

认识你自己

第二话

让努力成为一种习惯

第三话

在不确定的状态下生存

第四话

做时间的朋友

第五话

和谁在一起

第六话
做一个有修养的人

第一话

认识你自己

如果一个人一辈子都不能准确、

清楚地认识自己，

那么他也不可能客观地评价自己的能力与水平；

相反，如果一个人能正确认识自己、看清楚自己，

那么他自我成长的问题也就解决了一半。

欣赏自己

也许
你想成为太阳
可你
却是一颗星星
也许
你想成为大树
可你
却是一株小草
也许
你想成为大河
可你
却是一条小溪
也许
你想成为伟人
可你
却是一个凡夫

于是

你

徘徊

忧郁

自卑

其实

每个人

都是一处独特的风景

都能书写亮眼的传奇

做不了太阳

就做星星

在自己的星座上

发热发光

做不了大树

就做小草

以自己的绿

装点希望

做不了大河

就做小溪

以自己的柔情

滋润流经的每一寸土地
做不了伟人
就踏踏实实地做回自己
在平凡中握牢幸福
成长为最好的自己

学会欣赏自己
天空依旧辽远
大地依旧广袤
有阳光
也有空气
有寒来暑往
也有雨露风霜
有别人未曾见过的一棵青草
也有别人未曾听过的一声虫鸣
你就是你
与众不同的你

01 新生命教育教我们认识生命

人们最宝贵的东西就是生命，对于每个人而言，生命都只有一次。从呱呱坠地的那一刻起，我们就开始书写生命的答卷。人生的过程，就是我们寻找、书写生命答案的过程，直至生命消亡的那一天，我们将答卷交付大地，却无从知晓分数。

那么，什么样的人生才是完整的人生？我们怎样才能让生命之花开得绚烂，使自己的人生答卷臻于完美呢？

朱永新先生的“新生命教育”认为：生命有三重属性，即自然生命、社会生命和精神生命。

我们离开母体来到人世后，首先获得的是自然生命，自然生命指人生理上的实际寿命。每一条生命都是独特的：世界上没有两片相同的树叶，更没有两个相同的人。每一个人都与众不同，每一个人都独一无二、无法被代替。自然生命因独特而珍贵。

随着我们与这个世界发生关系——与父母、与同学、与老师、与同事……我们开始逐步获得社会生命。交往关系的存在是生命的社会属性，生命的社会属性因个体自主性的发展而渐趋凸显。每个人的生命都是一个故事，每个人都是故事的主人公，也是故事的创作者。所以一个人的生命叙事是否精彩，在很大程度上取决于其自主性的发展程度。

人的生命与其他生物的生命不一样，人的生命具有精神维度，这是决定人超越其他生物的重要特征。美国哲学家尼布尔曾经说过，生命的超越性表现在对自我的改善和对生命有限性的突破上。也就是说，人的生命虽然是有限的，但在某种意义上又可以是无限的，即活出自己的精神，超越自己的有限性，不仅能够创造、享受当下的幸福，而且能够不断突破、超越这种幸福。

在这三重属性之中，社会生命和精神生命决定着人的本质属性，离开了社会生命和精神生命，人就不再是真正意义上的“人”。人的成长，就像筑造一座金字塔，以自然生命之长、社会生命之宽为底座，底座越牢固、越庞大，精神生命就越强劲、越高拔。所以，只有兼具自然生命之长、社会生命之宽与精神生命之高，人才能够成为立体的人，而这样的生命体，也才是“完整”的。

那么如何让有限的生命实现最大的价值，让每个人成为最好的自己，进而过上一种幸福、完整的教育生活呢？

朱永新先生的“新生命教育”从三个方面给我们提出了建议：

第一，珍爱生命，护佑生命，延展自然生命的长度。新生命教育认为，安全与健康是助力自然生命长度的两翼，也是构筑自然生命长度的基石。无论是缺失安全，还是丧失健康，自然生命的长度都不能得到保障。

自然生命的长度是生命最重要的物质基础，相当于“0”前面的那个“1”，若没有这个“1”，有多少个“0”都没有用。保全生命永远是人们的首选，因为有个不争的事实：只有在生命得到保全的情况下，生命的其他意义才有拓展的可能。

所以，新生命教育强调，每个学生都要掌握居家安全、校园安全、运动安全、交通安全、野外安全等知识，学会应对校园暴力、疾病传染及其他意外事件，锻炼出过硬的生存技能。

同时，新生命教育主张，人们应该重视身体健康、心理健康，了解营养、医疗、运动等方面的基本知识，掌握情绪管理、环境适应、压力纾解的方法。

新生命教育特别关注“身体教育”的问题，正如齐格勒所说：“我们‘从出生到坟墓’，都有责任为所有人进行终身运动而努力。”即认为“身体教育”应通过适当的体育运动来促进人的全面发展。倡导“身体教育”，能帮助我们将学到的体育知识精细化，对体育运动形成正面的认知，养成积极参加体育锻炼的习惯。

第二，与自然、与社会、与人和谐共生，积极拓展社会生命的宽度。生命的宽度，意谓生命社会空间的大小，亦指人与自然、人与社会、人与人之间的融洽度。

新生命教育认为，生命的宽度主要通过“养成”和“交往”来拓展，即通过“自我养成”与“社会交往”两条路径来缔造个体的社会生命，使个体获得社会属性，进而拓展生命的宽度。

就马斯洛的需求层次理论而言，“自我养成”与“社会交往”是满足个体生理需求、安全需求、社交需求、尊重需求和自我实现需求的重要途径。新生命教育通过“每月一事”的科学安排，循序渐进地培养我们良好的行为习惯；通过对人际交往知识与技能的学习，帮助我们构建良好的人际关系，让我们做到“己欲立而立人，己欲达而达人”“己所不欲，勿施于人”，成为一个受欢迎、受尊敬的人。

通过“自我养成”和“社会交往”，人们将有效地拓宽自己的社会生命，实现个体的社会化。社会是人的社会，重塑个人、提升个人是推动社会发展的重要途径。新生命教育力争将碎片化的知识统合为智识，真正实现知识、生活与生命之间的良性互动，帮助我们拓展生命的宽度，进而以生命影响生命，以生命唤醒生命，以生命推动生命，让“养成”和“交往”成为我们的自觉行为，让教育生活成为社会生活中不容被忽视的重要组成部分。

第三，与人类的崇高精神对话，提升精神生命的高度。精神生命的高度，其实关涉着生命的精神境界。

新生命教育引导我们认识生命的意义和价值，培养我们独立的人格、自由的精神；使我们合理规划人生，怀揣远大理想；激发我们的生命潜能，让我们学会直面生死，追求生命的崇高与伟大，最终超越“小我”，成就“大我”，拥有中国灵魂与世界胸怀。

为了实现这一目标，新生命教育特别重视共读、共写、共同生活对人们精神世界的构建，主张通过共同阅读经典著作，不断与人类的崇高精神对话，并在这对话中建构起共同的语言密码、文化生活、精神家园，从而实现自我超越。

新生命教育认为，只有同时关注生命的三重属性，个人的生命才可能完整：没有自然生命作支撑，其他一切都是泡影；没有社会生命作辅助，人与人将是彼此隔绝的孤岛；没有精神生命作引导，人也不过是一艘满载希望出发却无灯塔的指引的船，只能在横无际涯的海面上无助地打转。只有将三重生命一并提升，人们才可能幸福；只有获得了幸福，人们的生活才有价值；也只有过上了有价值的生活，人们才能在有限的生命中不断地实现超越。

02 认识你自己

希腊古城德尔斐的阿波罗神庙上刻有七句名言，其中流传最广、影响最深，以至被认作点燃了希腊文明之火的却只有一句，那就是："人啊，认识你自己。"苏格拉底曾把这句话当作座右铭，法国思想家蒙田也说："世界上最重要的事情就是认识自我。"

这说明了两点，一是认识自己很难，二是认识自己很重要。

为什么说认识自己很难呢？因为认识外物，我们尚可借助他人的言论、自己的观察、书籍资料或其他工具，但对情感、思想、理智这些潜藏在人体内部的东西，我们则往往无从把握。

俗话说："当局者迷，旁观者清。"苏东坡诗云："不识庐山真面目，只缘身在此山中。"我们对自身的认知存在偏差，其实与身在庐山反而看不清庐山真面目是一个道理。由于人们对自己的认识受时间、空间、阅历等因素影响，是存在盲点的，所以不仅不同的人对自身的认识程度存在差异，而且一个人在其不同的年龄阶段，对自身的认识也会发生转变。孔子说："吾十有五而志于学，三十而立，四十而不惑，五十而知天命，六十而耳顺，七十而从心所欲，不逾矩。”这一方面告诉我们，人们对自己的认识会随年龄的增长、阅历的丰富而逐渐加深；另一方面也告诉我们，人们对自己的认识因受时间和阅历的限制而具有局限性。

为什么又说认识自己很重要呢？因为每个人虽然都是独一无二的个体，具有独特的禀赋和价值，但每个人又都有个体的局限性和认知的盲区，所以一个人如果看不到自己的局限性，意识不到自己认知的盲区，那他就会固执，就会刚愎自用。自傲的人总是认为自己可以达到“一沙知世界”的境界，但实际上，这种骄傲多半源于他的无知！鉴于认知存在着局限性，孔子提出了“毋意、毋必、毋固、毋我”的思想主张，告诫人们谨防武断和固执。

如果一个人一辈子都不能准确、清楚地认识自己，那么他也不可能客观地评价自己的能力与水平；相反，如果一个人能正确认识自己、看清楚自己，那么他自我成长的问题也就解决了一半。

认识自己、了解自己是为了更好地管理自己、驾驭自己、规划自己，使自己的生命更加精彩、更加圆满、更加幸福。《孙子兵法·谋攻篇》中的“知己知彼，百战不殆”，讲的就是这个道理。浑浑噩噩地生活，不可能过得成功。古希腊哲学家赫拉克利特说过：“一个人的性格就是他的命运。”这句名言也常被翻译成：“一个人的性格就是他的守护神。”我觉得，这句话的意思是：一个人只有认清了自己、看透了自己的天性，他才能够趋利避害、驾驭自己。

人应该怎样认识自己呢？诚如康德所说："认识你自己这个绝对诫命的含义，无论从它本身来看，或就其在历史上被宣告出来时的情况来看，都不只是一种对于个人的特殊的能力、性格、倾向和弱点的自我知识，而是对于人的真实方面——自在自为的真实方面，即对于人作为精神的本质自身的知识。"

而对于"人作为精神的本质自身的知识"的认知，最好的方法就是自省，曾子就说"吾日三省吾身"。自省是一种自我体验与自我感知，是对自我内心世界的一种剖析。鲁迅先生说过："我虽时时在鞭挞他人，但更多是在无情地剖析我自己。"记得有位哲人说过，最好的伴侣并不是别人，而是自己的内心。人只有不断地剖析内心，进行自我修复，激发出坚定的意志和强大的潜能，才能不断走向成熟。

新教育倡导的阅读和写作就是促进自省的最佳方式。

朱永新先生告诉我们："一个人的精神发育史就是他的阅读史，而一个民族的精神境界，取决于这个民族的阅读水平。"为了探索我们自身、了解我们自身，我们需要阅读——在了解、继承人类伟大文明成果的过程中，从先贤那里汲取智慧和力量，进而正确认知我们的内心世界。这正如安·兰德所言："一个人如果不知道人性的伟大为何物，心中也没有具体的形象，那么要保留对生活美好的幻想是很困难的。"

柏拉图曾说："没有经过检省的生活是不值得过的。"所以我们要经常对自己的生活进行反思。新教育倡导的写日记、写反思等方法，就可以帮助我们深刻地反省自己——这是与自己心灵的对话，是一种道德长跑，是对意志的磨炼，是自我检点与自我激励，是反思、交流的重要手段。法国思想家卢梭的《忏悔录》就如实地记录了作者的人生，甚至包括他小偷小摸、背弃友情、嫁祸他人的种种丑行。可以说，卢梭在书中把自己剖析得体无完肤，但正是这种大胆的“灵魂自白”，使他真正认识了自己、超越了自己。

“写”是形式，这一形式带动了阅读、思考和实践——阅读滋养底气，思考涵育灵气，实践激发勇气。而且，要想写得精彩，就必须做得精彩、活得精彩，这本身是对生命的一种修炼和提升。

在现代生活中，人们通过阅读和写作，能够不断地发现自我、认识自我、充实自我、完善自我，从而不断地创造出更加美好的未来。这是人们认识自己的最简便易行的方式。

认识自己的目的是超越自己，但超越自己并非易事，这需要我们最大限度地发挥优势、控制劣势。每个人都有其独特的优势：有的组织协调能力强，有的善于演讲，有的会社交，有的计算能力强，还有的是运动健将……独特的优势是一个人的看家本领，所以每个人都应该弄清自己的优势在哪里、潜力是什么，并在日常生活与工作中将这些优势和潜能充分发挥出来。成功心理学的相关理论告诉我们，判断一个人能否成功，主要是看他是否最大限度地发挥了自己的优势、挖掘了自己的潜力。

认识自己、超越自己还离不开自我控制。社会学理论中有个“横山法则”，是说对一个人最有效的约束，并不是外在的强制力量，而是其内心的自我检束。越是成功的人，越往往具有超强的自控力，包括控制自己的情绪、欲望、惰性等。古今中外的很多贤哲都曾强调，用理智控制自己是做人的一项基本准则，如孔子强调修身克己，柏拉图提出“节制是一种秩序，一种对于快乐和欲望的控制”，歌德也说“谁若游戏人生，他就一事无成；谁不主宰自己，便永远是一个奴隶”。他们都认识到了自我控制、自我管理的重要性。

不会自我控制的人，不可能拥有美好的人生。认识自己、控制自己、超越自己是一个漫长而艰苦的锤炼过程，也是我们每个人都应终生研究的课题。

03 接受自己的不完美

人在其一生中，经常会走入一些误区，其中，过分追求完美、总想在他人面前展现自己最好的一面，就是误区之一。

例如，在日常生活中，如果我们做错事了，我们往往会责怪自己，责怪自己不够好，责怪自己不够聪明，特别是当我们对自己的要求过于苛刻而自己的能力尚不出色时，我们的自责感便尤为强烈。一边是渴求完美，另一边则是力不能及，人们如果不能立足于更高的思维层次来冷静地思考、妥善地调和二者间的矛盾，就很容易否定自己，对自己做出负面评判。

这样一来，人们要么形成自卑心理，要么产生焦虑情绪，进而将自己的人生引向歧途。心理学家阿德勒对此有过明确而详细的论述：一个追求完美却做不到完美的人，如果对自己没有正确的认知，那么一方面，他可能会自欺欺人，在他人面前构造出一个虚假的、完美的自我；另一方面，他也可能会痛恨自己的不完美，然后妄自菲薄，不断地责备自己，彻底否定自我价值，最终变成一个极度自卑的人，对外界的一切都逆来顺受。二者中，无论哪一种，都绝不是好的结果。

事实上，自责为我们造成的负面作用不止于此，它对我们的自控力也有非常大的妨碍。

美国纽约州立大学和匹兹堡大学的心理学家曾经开展过一项关于“自我批评”与自控力关系的研究。他们召集了一百余名不同年龄阶段的饮酒者，给他们每个人都配备了一台电脑，让他们每天早上记录自己前一天的饮酒情况并汇报饮酒后的感受。

研究者发现，饮酒者对自己饮酒后感受的描述，基本上是头疼、恶心和疲倦，但是一些人的痛苦不仅源于酒精，还源于内心中产生的罪恶感与自责感，可当这些人为前一晚的过量饮酒而深深自责时，他们便可能在当晚甚或日后喝更多的酒。与此同时，研究者还发现，那些能够达成自我谅解的人，在自我行为的控制上反而表现得较好。

自控力对我们生活所产生的影响是不容小觑的，我们的健康状况、心智水平、人际关系、人生走势等无不受到自控力的影响。斯迈尔斯在其《自己拯救自己》一书中解释说，每个人的成功都是“自我克制”和“坚持不懈”的结果。心理学家利兰对自控力的诠释更使我们深受启发，他说：“一个有意锻炼自己并提升自控力的人，将会获得无比巨大的力量。这种力量不仅能够完全控制一个人的精神世界，而且能够使人的心理发展水平达到前所未有的高度，让一个人得到以前从未想过能拥有的智慧和能力。所有那些一直以来不为人们所发现的东西其实就存在于人的自身，自控力就是那把能够开启人的观察力和征服力之门的钥匙。”

日本管理顾问小仓广在其《接受不完美的勇气》一书中强调：“责备一无是处的自己，永远无法得到幸福。唯有勇敢地认同现在的自己，才能成为真正的强者。”能增强一个人责任感的不是罪恶感，而是自我接纳。

在个人挫折面前，持自我接纳态度的人比持自我批评态度的人更愿意承担责任，更愿意接受别人的反馈和建议，也更可能从这一失败中学到东西。

亚里士多德的沟通能力存在障碍，但他是一位内省力极强的哲学家。凡·高饱受情绪困扰，但他在视觉艺术上的造诣却是超凡的。孙膑蒙冤受刑，但他依旧是中国古代杰出的军事家。爱因斯坦儿时曾有过学习障碍，但他后来在科学上的成就震古烁今。贝多芬因病失聪，但这无碍于他成为乐坛上的巨人。

自我接纳是对自己能力的准确评估。心理学家告诉我们：“请接受你现在的样子，同时也请完善你现在的样子。运动让你更有气质，读书让你看见未见过的世界，穿衣打扮让你对每天都有期待。不需要成为别人嘴里的那个人，只愿自己在熙熙攘攘的人群里心有底气——这个世界上不会再有第二个我了。”就像我们知道自己不可能攀上珠穆朗玛峰，不会责备自己的“无能”，而会告诉自己“我还可以翻越别的山”。每个人都有自己的特长与劣势，但鱼不羡鸟飞，鸟不羡鱼游，我们既要能看到自己能力上的局限，又要能认清自身能力与外在条件之间的关系，从而在最大程度上避免负面情绪的产生。

斯坦福大学的心理学家卡罗·德威克在研究人们对待失败的态度时，发现了两种不同的心态——固定心态和成长心态。

抱有固定心态的人，对错误的容忍度往往很低，他们会将每一次表现视为别人对自己“定性”的依据，认为这决定着他个人形象的优劣，一旦遭遇失败，他们会陷入深深的不满与自责，从而为自己制造了很多无谓的压力。

而抱有成长心态的人，对失败的容忍度比较高，能够看到当前自身的不足，即使失败了，也会坦然接受，相信自己的能力会随历练而得到提升。自我接纳就是这样一种成长心态。

美国动物学家、畜牧学博士坦普·葛兰汀自幼患有自闭症，她发表了200多篇论文，拥有属于自己的公司，在全世界范围内举办了各种有关自闭症的讲座，鼓舞了许多自闭症患者及其家人。在其曲折而传奇的一生中，她始终明白自己和别人是有差别的，但自己并不比别人差！

在由其个人经历改编的电影《自闭历程》中，坦普·葛兰汀（克莱尔·丹尼斯饰）以患者的身份向他人讲述了自闭症患者拥有的独特感受并接受了这样的询问：“你是怎么治愈的？”她平静而坦然地回答：“我没有治愈，我一直都有自闭症。”

坦普依然不“完美”，正如我们每个人身上都或多或少地存在缺陷一样，但她能勇敢地跟自己和解，接受自己与别人“不一样”的事实，最终战胜了心魔，成就了出色的自己。

各位亲爱的同学，如果你们想从负面情绪中挣脱出来，不再介意他人的看法、活出自己的样子，那么最有效的方法就是与自己“和解”，接受自己的不完美。要知道，悦纳自我比取悦他人更有意义。

04 寻求有意义的人生

生命到底为何物？生命的意义究竟是什么？或许你也曾对此有过疑惑且百思不得其解。每个人的经历都不一样，对于生命的意义也会持不同的看法——在这个问题上，总是仁者见仁、智者见智的。

自然界中的生物，其诞生、繁衍，直至消亡，都受自然法则支配，生存与死亡都只是自然现象。例如，人类研究上亿年前恐龙的繁衍和灭绝，只会将之视为一种自然现象，而不会问及恐龙存在的“意义”。

“意义”是人类针对自身的存在所提出的问题，在这个问题上，我们很多人是幸运的又是不幸的。幸运的是，我们尚属良好的生存环境使我们无意于过早地去思考死亡一事，这样我们就能心安理得地面对平淡又平庸的生活；不幸的是，由于在我们出生后，父母往往疏于给予我们人生境界上的指导，所以相当多的人只是将父母那些刻板的要求灌输进尚为懵懂的头脑里，比如“努力学习，考上好大学”“多挣钱，过上好日子”等等。正因为如此，我们并不知道自己存在于人世的意义是什么、生活的真相又是什么。倘若你足够幸运，一生“痴顽”，那么也不失为一种“幸福”，但当你一不小心有了些许醒悟后，你就会坠入重重疑云：我为什么活着？活着的意义是什么？故而一旦遇到挫折，你就会常常感到焦虑与苦闷。

现在有一部分学生患有“空心病”，这其实就是由认知缺陷所产生的心理障碍，症状是觉得人生毫无意义，对生活感到十分迷茫，不知道自己想要什么，疲惫、孤独、情绪差，感觉学习没有价值，认为生活没有奔头，对未来不抱希望，精神萎靡而身体疲软。

人生的意义到底是什么？法国曾做过一项民意调查，结果显示，89%的受访者承认人需要“某种东西”才能活下去，61%的人承认自己的生活中确有某件事物或某个人是自己愿意为之奉献、付出的。约翰斯·霍普金斯大学的社会学家对48所大学中的七千余名学生做过一项统计调查。在被问及“什么是你目前最看重的事情”时，78%的学生回答说“找到生活的目标和意义”。

著名的心理学家维克多·弗兰克尔是一个传奇人物。纳粹统治时期，作为犹太人，他与家人都被关进了奥斯威辛集中营，其母亲、兄弟、妻子全部罹难，妹妹和他得以幸存。离开集中营后，弗兰克尔不但克服了常人难以忍受的炼狱般的内心煎熬，更将自己的苦难经历与学术研究结合起来，开创了“意义疗法”，使相当多的人绝处逢生。其著作《活出生命的意义》就记录了他的苦难经历及其“意义疗法”的研发过程，因而感动了千千万万的人，并被美国国会图书馆评选为最具影响力的十部著作之一。

简单来说，他的“意义疗法”就是赋生命以意义，从而帮助受治者度过生命中的黑暗时刻。弗兰克尔说：通过“意义疗法”，努力发现生命的意义，正是人活下去的最大动力。

生命本身并没有意义，生命的意义是人赋予的，不同的人会赋予生命不同的意义。这些意义具有价值判断性，源于我们对事物的认知，以及对事物之间关联的构建，是我们一切行为的动力源。

中国古代的很多“忠臣”都认为活着的意义就是效忠君主，哪怕这个君主昏聩暴虐，他们也不会改变自己的初衷。这是因为他们害怕承认自己“错”了，害怕自己所做的事变得毫无意义，所以他们宁愿对那个无道之君效忠到底，哪怕为此受到迫害甚至丢掉性命。

在这里，所谓的“意义”是他们自己赋予的，为的是使自己有坚持下去的足够的理由。

人一直都畏惧“不确定”的事物，就像看到草丛在动，人们若无法判断是否有猛兽潜伏其间，就会感到不安。同样，我们在做事时如果没有明确的步骤或清晰的目标，那么我们也会产生强烈的焦虑。

当下，很多同学为中考赋予了重大意义，对中考极度重视，同时也认同自己的努力，相信“一分耕耘，一分收获”。可当中考结束后，他们为这种努力所赋予的意义便消失了，故而他们也就失去了行动的方向。

如果我们没有及时找到新的奋斗目标并赋予其不同寻常的意义，那么我们的生活便会趋于无聊，而我们自己也会懈怠起来——打游戏、上网聊天、看电视、睡懒觉……可是，如果我们赋予人生一个不一般的意义，情况就会迥然不同。举个例子：

M的工作是生产、销售茶叶，这本是一个不起眼的小买卖。

他从事这项工作的动机，源于他意识到了中国茶叶市场中农药残留问题的严重性，所以他要推出一款欧盟有机认证的茶叶，来改善这现状。

M是个意志坚定的人，即使一天吃好几次闭门羹，也从不言弃。最终，他凭着这股干劲儿，实现了自己的理想。

由此可见，人生的意义是人们自己赋予的，人生的价值是人们自己创造的。对于人来说，最重要、最宝贵的东西并不是弗洛伊德所说的“快乐”，也不是阿尔弗雷德·阿德勒所说的“权力”，而是“意义”。成功和快乐都是“意义”的副产品，人们不应单纯地将成功和快乐作为人生的目标。

每个人的生命在本质上都是相同的，重要的是你如何去赋予它使命和责任，从而使你在这竞争与机遇并存的世界中闪耀出自己的光辉。

我很喜欢英国浪漫主义诗人威廉·布莱克的一句诗：“辛勤的蜜蜂，永远没有时间悲哀。”人生是一次长途旅行，我们与其在空想中探寻人生的意义，不如让自己在切实的体验中获得它。

让自己忙起来，摆脱无聊的纠缠，这或许是治愈空虚的良药。

05 控制因竞争而产生的焦虑感

当今的社会是一个充满了竞争和挑战的社会，始终沿用着“适者生存”的自然法则，而在我们同学之间，也存在着各种各样的竞争。当我们面对所要争取的东西时，往往发现自己能力有限，如运动会上跑得不如别人快、某门学科的考试成绩总是不尽如人意、自己费力准备了好几个月的作品在初赛中就被刷下……弗洛伊德认为：“人的一切痛苦，本质上都是对自己无能的愤怒。”当困难来临却“无能为力”时，我们就会感到失落和疲惫，进而产生竞争焦虑。

课堂内外杂志社曾围绕着“90后”青少年学习、生活、心理等不同方面，做过一次问卷调查。结果显示，有69.75%的初中生和67.84%的高中生表示他们在告别小学、升入初中或告别初中、升入高中后，在心理上比较紧张，有焦虑情绪，甚至产生了自卑、嫉妒、封闭心理，而致使他们紧张的原因，主要是学习上的竞争太激烈、压力太大。

时代在变，社会在发展，但“物竞天择，适者生存”的自然法则不会改变，我们依然处在一个充满了竞争和比较的社会中，而竞争和比较都会让我们产生压力。

可能有人认为，自己就是不参加竞争也能活得很好，可是，即使我们对物质生活的要求非常低，不想过多地参与到严酷的社会竞争中去，但是我们毕竟需要通过工作，才能争取到基本生活资源，而且在大多数情况下，如果想让自己活得更轻松，我们必须付出更多的努力。

那么怎样才能适应这种竞争，并积极地进行自我调适呢？

第一，积极面对，泰然处之。有人的地方必然存在竞争，认识到这一点，是我们做好竞争准备的思想前提。不敢参与竞争、刻意回避竞争，是思想上的误区。要知道，只要我们生活在这个时代，那么即使我们不去与别人竞争，别人也会来跟我们竞争。所以，做好竞争的心理准备，积极投身到竞争中去，学会竞争，才是我们在这个时代中求得生存的不二法则。

第二，接纳那些比我们优秀的人。要明白，自己的竞争对手不局限于眼前的人。一个人如果总是把目光聚焦在身边的人身上，那么他的进步空间就会非常有限。

熟人间的竞争是我们压力的主要来源之一，心理学家朱克曼和约斯特通过实验证明，人们往往觉得自己朋友的成功比陌生人的成功更有“威胁性”。当自己身边的朋友表现得比自己好的时候，我们或多或少会有些嫉妒；而当表现得好的人不是我们身边的人时，我们更多地会表现为无感或者羡慕。

为什么会出现这种现象呢？实际上，这就是人类进化过程中的另一个遗留问题——与我们生活在同一个群落的人，如果竞争能力比我们更强，那么他们就会在群体中占据更多的资源，让我们感到被剥夺、被威胁。所以，我们往往不喜欢那些离自己最近却比自己优秀的人。

当心中产生了对自己身边优秀者的嫉妒时，我们一定要提醒自己，这种嫉妒只是源自人类进化过程中残留的“心理缺陷”，而他人出众的能力也已经不像在物质资源匮乏的远古时期那般能威胁我们的生存了，反而可以激励我们，让我们产生奋发的动力。

第三，抓住一切机会和时间，增长自己的才干，为自己“赋能”。在意识到自己“能力不足”“能力有限”之后，我们最好的办法就是尽快充实自己、提升自己，让自己有足够的“本钱”立足于社会，争得一个属于自己的生存空间。要知道，总会有人比你进步快、比你能力强，所以你若不能增强时间观念、抓住一切有利机会，那就只能落在别人后面。

第四，要有良好的口才和交际能力。在新教育的“十大行动”中，“培养卓越的口才”就是一个非常重要的项目。为什么呢？因为口才是一种能使我们受用终生的能力。一个人乐于讲话、敢于讲话，并能清楚准确地表述自己的思想，说明这个人有很强的自信心，而自信心是一个人安身立命之本。在当今的社会上，一个人若没有自信心，就难有竞争力。从表面上看，口才关涉的是“说”这一行为，其实更重要的，则是“说”背后的思想——若要说得精彩，就必须将问题钻研得透彻。良好的口才能让我们在社会中自如地表达观点、拉近与他人之间的距离、与他人顺畅地交流、将工作出色地完成。成功者大多有良好的口才，因为只有这样，他们才能充分地表达自我，展示自我，得到别人的理解，获得更多的资源。通过沟通与交流，我们可以从他人身上汲取更多的智慧，补益自己的头脑，从而更好地拓展事业，于激烈的竞争中立于不败之地。

第五，培养自己承受挫折的能力、坚强的意志，以及良好的风险意识。在现实社会中，我们不可能始终一帆风顺，所以，若要保持心态平衡、积极地进行心理调适，我们就要有良好的风险意识，明白风险无处不在，进而以乐观、坚强、自信的态度对待生活，在遭受挫折时能够振作自己，百折不挠，让自己真正立于不败之地。

第六，要充分利用竞争焦虑的正效应。这就像赛马，赛马的目的就是激发出每匹马强大的动力，锤炼出它们出众的能力，使它们跑得更快。

第七，要时刻保持清醒的头脑。在没人为你鼓掌时，要韬光养晦，耐得住寂寞；在有人为你鼓掌时，不要得意忘形。美国海军海豹突击队前指挥官威林克，在退役之后仍然保持着极度自律的生活方式。他每天早晨四点多就起床，用比别人更多的时间去工作和学习，而这也使他与别人拉开了距离。所以，我们每个人也都应有自省意识才好。

06 走出你的思维盲区

我们生活在一个信息爆炸的时代，随着各类信息的激增，我们往往会迷失思考的方向，无法甄别出社会惯用的错误的思维方式，同时，我们也很容易走进一些思维的“死胡同”里。正如俗话说的“智者千虑，必有一失”，这所谓的“失”，就是“思维盲区”，它容易使我们产生错觉，判断失误，无法客观理智地认识和解决问题。

那么，我们自身存在哪些思维盲区呢？

一、潜意识中的偏见——总以为自己比别人优秀

戴夫·巴里曾经说过：“无论人的差距有多大，有一点是相似的，那就是打心眼里认为，自己比普通人强。”

当我们在大脑中加工与自己有关的信息时，经常会冒出与事实不符的偏颇想法——认为自己做得比别人好。

心理学家曾做过一个实验，发现了很多有趣的现象：

大多数生意人都认为自己比其他生意人更有道德，在一份百分制的道德评分卷上，有超过50%的生意人给自己打了90分以上的分

数，而只有11%的人给自己打了70分左右的分数。在澳大利亚的一项调查中，86%的人对自己工作业绩的评价高于平均水平，只有1%的人认为自己的业绩低于平均水平。

之所以会出现这种现象，一个重要原因是每个人都有维护自尊的需要，所以我们会倾向于美化自己。可当别人表现较好时，我们为了避免产生“被比下去”的心理落差，便经常会把别人的成功归因于外部环境。心理学家邓宁等人也在实验中发现，自尊心受到打击的人（例如考试成绩不理想），更容易去指责别人。

这种现象衍生出的另一个问题是认知的偏颇与虚假——我们会武断地认为，别人会跟我们一样思考、行事。当我们喜欢某件事物时，我们就往往认为别人也会喜欢它；当我们不喜欢某件事物时，我们则会认为别人也讨厌它。这很可能致使我们在做事时一厢情愿。

美化自己的正效应是让自己的信心得到增强，而负效应则是让自己思维闭塞，刚愎自用，一意孤行，不能正确地评价自己。这就可以很好地解释为什么很多人会认为自己与众不同、才华横溢；当得不到别人认可时，会觉得自己怀才不遇；当做事不顺时，会将自己的失败归因于外部环境。

实际上，现实生活中并没有那么多怀才不遇的人，所谓的“怀才不遇”，只是我们自己的“想当然”而已。

二、视野狭隘的错觉——见识的局限造成思维的局限

我们的思维和注意力受作用于我们的见识和视野，如果一个人长期处于某个环境或领域之中，那么他的思维就很容易受到这一环

境或领域的影响。正如马克·吐温所说："当一个人手里拿着锤子的时候，他再聪敏，眼里也会充满钉子。"所以，当一个人在某个环境或领域中待得过久时，他就会习惯性地、刻板单一地通过自己的见识和眼光去思考和审视问题，像古希腊数学家毕达哥拉斯，便说出了"数学可以解决一切问题"的豪言。

学校之所以组织"社会大课堂"活动、开设综合实践活动课、举行学科实践活动，就是为了打破这种思维的局限性。与此同时，我们还需要广泛阅读各类书籍，了解大千世界、社会百态，只有这样，我们才能让自己跳出格套进行思考。

要不断拓宽自己的视野、丰富自己的见识，不要死读书，而要让知识与生活相结合，只有这样，我们才能摆脱思维局限，才能丰富看问题的角度、提升看问题的高度，从而高效地处理问题，赢得更多的发展机会。

三、信念固着——就是看你不顺眼

所谓"信念固着"，指的是人们一旦对某件事物产生某种成见，那么他们就很难扭转这一成见，即使出现了与他们的认知相悖的信息，他们也会对之视而不见。这就是我们常说的"为反对而反对"——即使你将所有的证据都摆在对方面前，证明对方的观点可能存在差误，对方也仍会坚持自己的立场，甚至会为了自圆其说而颠倒黑白。

这就造成了一个现象：在处理具体事务时，人们可能会受限于某种思维而变得墨守成规。《小毛驴过河》的故事就很好地说明了这个现象：

一头小毛驴驮着一袋盐过河，它滑了一跤，摔倒在小河里。一些盐溶解在了水里，它觉得背上的盐袋轻了许多，这使它很高兴。

几天之后的一个早晨，小毛驴又驮着一袋棉花过河。它心里想，上一次驮着盐过河摔倒了，站起来后感觉很轻松，这次也一定如此。

于是，在走到河中央时，它故意摔了一跤，并特意在水中多躺了一会儿。可当它站起来后，背上驮的棉花却变得特别沉重……

可见，"信念固着"对我们待人处事有着很大的负面影响。当我们接触到与旧事物截然不同的新事物时，我们往往会倾向于采取惯用的处事方法并对新方法抱有抵触心态。于是，这种闭目塞听的心理就会成为我们前进路上的障碍。

怎样才能削弱"信念固着"对我们造成的不良影响呢？"置换思考场景"就是一种很好的办法。所谓"置换思考场景"，就是尝试用另一种与惯用视角迥异的新视角去审视问题。比如我们可以思考别人为什么会有某种想法，这样我们就既能体察对方观点的可行性，也能发现对方观点的局限性，从而消除偏见，打破信息闭塞，全面而客观地看待问题。

四、幸存者偏差思维——一叶障目，不见泰山

我们所能听到、看到的结果，大多是经过筛选的，比如我们经常能接收到“成功创业者”的信息，像比尔·盖茨、李嘉诚等。其实，各行各业中都有成千上万的创业者，但媒体报道宣传的常常只是其中的成功者，这让我们产生的直观感受是“成功好像很简单”。其实，真实的情况往往是“残酷”的：新公司在成立三年后还能正常营业的只占总数的1%，再过三年还能支撑下去的就只剩0.2%了。所以，“成功好像很简单”这种思维，就是一种“幸存者偏差思维”。

持这一思维方式的人，一般只会看到筛选之后的“理想”结果，却意识不到筛选的严苛过程，因而忽略了那些被过滤掉的数据和信息，极易陷入思维陷阱。这些人之所以屡屡受挫，就是因为“幸存者偏差思维”在作祟，而很多诈骗犯也正是利用了人们的这种心理来行骗。

若要避免陷入“幸存者偏差思维”、走入误区，我们就要对所获信息进行逆推，回溯信息的筛选过程，弄清这一信息是如何产生的。比如，有人说：“读书没用，很多人没读书也照样成了富翁。”这个时候，我们就要反问自己：他是经过了怎样的信息筛选，得出这个结论的？

通过追溯对方的信息筛选过程，我们能有效地发现其结论中的逻辑漏洞，从而避免使自己也陷入这一思维陷阱。当然，当今是大数据时代，我们要弄清事物的本相，还是需要借助数据和事实来进行验证的。

五、沉没成本思维——坚持还是放弃

在赌场中，赌徒多有这样一种心理：输点钱没关系，再玩一局大的，只要赢了，就能“回本”。他们就这样一点点地深陷下去，最后输得血本无归。

人们一旦付出了“成本”，就会产生“回本”的心理，并且会付诸行动。这就是“沉没成本思维”。

在生活中，我们经常会遇到这种情况：如果我们在某个选择上投入了一些“成本”，那么即便在客观形势需要我们调整举措时，我们也一般会倾向于固守原先的举措，舍不得放弃之前的投入。但是，这往往是抱薪救火，不仅于事无补，还会让我们损失得更多。

“沉没成本思维”会对我们的决策带来不良影响。其实，如果我们坚持原来的选择，那么我们可能会失去更多；而若放弃原来的选择，那么我们的损失反而可能降至最低。

鉴于此，我们该如何削弱“沉没成本思维”对我们造成的负面影响呢？那就是当注定要遭受损失时，我们需要果断放弃“沉没成本”。请记住，将损失降到最低就是获益。

六、情绪陷阱——冲动是魔鬼

有这样一句为人们耳熟能详的话：“冲动是魔鬼。”意思是说当一个人处于愤怒、悲伤或极度亢奋的负面情绪中时，很可能会做出偏激的举动。在这种状态下，他的想法往往不基于事实和理智，而更多地出自主观臆测。

这是有科学依据的。科学家曾对处于愤怒情绪中的小白鼠做过研究，发现惯于打斗的小白鼠的大脑中，脑灰质的含量更少，同时，海马体也更易生成新的神经细胞，使这些小白鼠的攻击性持续增强。另外，这群喜好打斗的小白鼠也往往表现出更加强烈的焦虑，会重复做出某些动作，与其他小白鼠进行沟通的能力也明显下降。

要知道，脑灰质与我们的思维能力息息相关，而海马体则跟我们的记忆力、社交能力联系密切，所以当我们身陷愤怒时，我们不仅会变“笨”，而且容易迁怒他人。

这些负面情绪，都会使人们“思维窄化”，让人们在看待事物时掺杂更多的主观臆断。例如，愤怒会让我们行为莽撞，看不到风险；而悲伤会让我们思想保守，过分在意细节。人们在这些负面情绪中做出的决定，往往并非出于自己的本心，所以人们在清醒之后，很可能会后悔。

综上所述，如果想要让自己少犯错，我们最好不要在情绪太过激动时做出决定或采取行动，以免使自己陷入“情绪陷阱”。

07 克服让你沦于平庸的“习得性无助”

每个人都渴望成功、渴望实现自己的人生理想，但很多人依旧庸碌一生。究竟是什么让我们变得平庸？这是经常“折磨”我们的问题。

我们常常仰慕周恩来总理“为中华之崛起而读书”的豪情壮志，慨叹岳飞气壮山河的报国宏愿，旌扬车胤、孙康囊萤映雪的刻苦精神，敬佩南非前总统曼德拉与种族隔离制度斗争了数十年的坚持……我们也会像鲁迅先生在课桌上刻“早”字一样，把自己的理想或目标写下来，粘贴在自己的书桌上。但我们在朝着这一目标迈出一两步后才发现，理想很丰满，现实很骨感。

在一次次失败的打击下，我们迷失了自我，模糊了方向，慢慢放弃了追求、拼搏与坚持。这在心理学上，叫作“习得性无助”。

“习得性无助”是美国心理学家塞利格曼于1967年研究动物时提出的。起初，他把狗关在笼子里，只要蜂鸣器一响，他就给狗施加电击，狗就会在笼中乱窜。后来，塞利格曼在给狗施加电击之前，会先把笼门打开，可等蜂鸣器响了，狗不但不逃，反而不等被电击就先倒在笼中呻吟抽搐，绝望地等待着痛苦的降临。

同样，人们在奋斗的过程中，如果遭受了一次又一次的打击，也会产生这种“无助感”。例如一次次考试的成绩都不理想、在某门功课上付出了大量心血却始终未见进步……于是，他们在失败面前就开始“呻吟”了——“没希望了”“我不行了”，进而自怨自艾，裹足不前，即使有人提供给他们机会，他们也不敢尝试，而是慢慢沉溺于自己的“舒适区”，变得颓废慵懒。

在这种无助感中，人们迈出了走向平庸的第二步——为自己的颓废寻找各种借口，来证明这种状态是合情合理的。比如，有的同学会抱怨：“我都这么努力了，可成绩还是这么差，那么努力有什么用呢？”还有的同学会为自己的不上进找理由：“人家那些没读过书的人不也生活得很好嘛！”人们一旦为自己的不上进找到了理由，就会心安理得地无所事事，最终庸碌一生。

同样，急功近利亦会使人堕于平庸。由于在成长的道路上遭遇了挫折和失败，急功近利的人便会对脚踏实地的努力失去兴趣，开始寻找通往成功的“终南捷径”，热衷于各种投机取巧的“方法论”，以至于教育市场也开始以不切实际的“高效”作招牌，推出各种各样的补习班、培训班，吸引着一拨又一拨家长将孩子送进去培训补习。可事实上，一个在学校里学不好的学生，去其他任何地方学也都一样。

人们越是追求效率，就越难以顾及“质量”，而且，过于追求效率会让人们懒于尝试新事物，因为他们害怕失败，害怕效率会因失败而降低，故而他们会陷入一种逃避困难的心态——找人代写作业、考试作弊等，就是这种心态的外在表现。

在了解了“习得性无助”的成因后，我们该如何在日常生活中克服“习得性无助”呢？

第一，对于自己的失败，我们要正确归因。其实，造成学业困境的因素有很多，有时候，我们只要换一种学习方法或思维模式，成绩就会有所提升。所以，在成绩不理想时，我们不要内疚、沮丧、自卑，更不要一蹶不振、得过且过，而要多与老师、同学、家长交流，听听他们的建议，这样我们就可能会受到启发，进而找到解决问题的突破口。

第二，我们要有正确的自我认知。“无助”是习得性的，并不是人们天生自带的，更不是不可消除的。由于基础能力和思维方式存在差别，不同的人在学习某项技能或某门功课时，也存在着学习效率的差异，有的人掌握得快一些，有的人领悟得慢一些，但只要方法得当、勤奋用功，每个人都是可以有一番建树的。我们不能只看能跑多快，更要注重能跑多远，不要歪曲了自己对挫折的认知，而要咬牙坚持。爱因斯坦上小学的时候，并不是一个出色的学生，但他最终成了世界上最伟大的科学家之一。

第三，我们要正确地评价自我。在面对挫折、困难，特别是别人的负面评价时，我们不要把主要精力放在维护所谓的“自尊”和“面子”上，更不要产生恐惧心理，而要从成长的需要出发，冷静、理性地分析问题产生的原因，要对自己有信心，坚信“办法总比困难多”，坚信自己一定能攻克难关。爱迪生在发明领域的成功就是很好的例证。

第四，我们要学会求助和合作。会求助是一种本领，这不是“面子”不“面子”的问题。当今的社会是多元的、需要合作的，一只手遮不过天来。人们只有在竞争中合作、在合作中竞争，才会取得成功。要知道，天才很少，凡人最多，而人才只是凡人中的高个子。

人云亦云、鸭子过河随大流的偏信盲从是人们的积习与弊病。我们只有更加深入地认识自我，认识事物的发展规律，不断地探索，不断地求真，才能还原世界的本来面目。

第二话

让努力成为一种习惯

努力的意义在于使人认清自己，

只要你肯努力、肯拼搏，

长此以往，你就会成为令他人肃然起敬的赢家！

让努力成为一种习惯，越努力的人越幸运。

你努力的样子，我喜欢

你努力的样子
我喜欢
也许我不曾说
但你的一举一动
都在我的眼里
也在我的心里
仿佛一粒种子
萌生在春季
收获在秋天

莫说辛苦
你辛苦
是因为你优秀
你才有机会
在辛苦中展现
你的风采

人生不过如此
哭着来
笑着走
匆匆度春秋
需要什么
你尽可以向晴空诉说
也可以对阴云抱怨
但宣泄之后
你还得全力以赴

生而为人
如果任性懈怠
那为何还要来
让我们披着晚霞
迎着晨曦
以赤诚的心
回报养育我们的母亲
回报承载我们的大地
送她们最美的笑颜

终其一生
我们都在同一条路上
坚定的信念
挺拔的身姿
顽强的意志
无惧风雨
且歌且行

08 努力学习是一种责任

不同的人生阶段有不同的人生使命。在学生阶段，努力学习、掌握文化知识，为今后的发展积蓄能量，就是你最重要的“使命”。为了这一“使命”，你必须学会忍耐、学会放弃、学会付出——这不仅是学习的需要，也是人生的一种修炼。

但凡取得一定成就的人，都是经历过艰苦奋斗的。没有天上掉馅饼的事，只有通过自己的不懈努力，人们才有成功的可能。学习也是一样，谁不是一路拼搏上来的？谁小时候不做家庭作业，做得不好时还要被老师批评两句？

有人以为国外的教育是轻松快乐的，其实在国外，优秀的学生一样要足够努力才能考取理想的学校。比如新加坡的小学教育，科目涉猎就非常广泛，除了一些基础课程之外，还有艺术、语言等方面的延伸课程，从而充分地挖掘了学生的潜力。

不经历枯燥、艰苦的学习过程，就不可能取得理想的学习成绩。一般情况下，我们不会把学习视为一件快乐的事，因为要取得优异的成绩，我们就要在别人打游戏、看电影的时候，静下心来伏案攻读。有的同学心智成熟得较早，从小便立下远大志向，所以他们在学习中有明确的奋斗目标，并为之努力不懈；也有些同学虽未树立远大的志向，但也至少有一个像“考上好大学”“找到好工作”这样的短期目标。

无论是哪种情况，我们都要有所付出，这个过程是谈不上快乐的，因为快乐往往只体现在最终获得的成功上。如，当你取得了优异的成绩，辛苦的付出得到了回报时，学习的快乐才会显现出来。

在学生阶段，我们的主要任务就是学习，努力学习是我们的责任。很难想象，一个小时候不努力学习、没有目标、不愿付出、贪图享乐的人，长大后在工作岗位上会变得肯付出、肯努力、肯拼搏。

学习的积极性需要从小培养，我们要树立起积极向上、勇于担当的优秀品质，只有这样，我们长大后步入社会，才能负起责任。这也是我们努力学习的一大意义。

有人说，兴趣是最好的老师，是勤奋学习的动力，但是，兴趣只是学习的初始动力。有的人对很多领域都有兴趣，但未必会在这些领域中取得成功，原因很简单，他们并没有为这些兴趣付出努力。要知道，即便是有着非凡天赋的乔布斯，也是在艰辛且漫长的历练中走向成功的。任何事都不可能一蹴而就，同样，优秀的人也是要通过不懈努力、辛劳付出才能获取成功的。比如一个孩子对画画很感兴趣，但是他并没有为此努力过，那么他日后能成为一个画家吗？有了兴趣，进而对某件事物更加上心、更加执着，甚至甘愿为之做出牺牲——这才是成功的根源所在。

通往成功的道路总是布满坎坷，同样，要想取得优异的成绩，我们就必须做好吃苦的准备——这是每一个学生的本职与责任。如果在学生阶段，每天只想着玩乐、偷懒，那么我们长大后也不可能为了工作、人生而去拼搏。

09 出众与出局

现在有许多选秀类电视节目，其比赛规则往往很残酷：每个评委面前都有一盏灯，决定着选手要么晋级、要么出局。凡是晋级的选手，都会被认作出众；而出局的，则会被视为不够优秀。

其实，现实生活又何尝不是如此？

中国人在传统观念里崇尚“中庸”，但现实世界中哪有什么折中的选项？而人们对“中庸”的浮浅理解，也使他们在学习、工作中安于现状，随波逐流，瞻前顾后，难以走向卓越、走向成功。

人生充满了选择，如何选择，既表现出一个人智慧的高低，又在一定程度上决定着他是走向出众，还是被淘汰出局。

我们经常会遇到这样的情况：横在我们面前的有两条路，我们在这两条路之间徘徊不定，难以做出选择，甚而企望另辟一条中间道路。例如，大学毕业后，是工作，还是考研，抑或一边工作、一边为考研做准备？于是，我们走得慢，走得累，走得痛苦。

人的精力和时间都是有限的，这就要求你学会做减法，学会对事情做简化处理，筛除一些无用的信息，减少一些中间选择，勇敢地确定目标，选定一条路执着地走下去。

最坏的选择，就是不选择。信马由缰、随波逐流会让你渐渐失去自我、失去机会，将生命耗费在顾虑与游移中。

有人或许会疑惑：不选中间道路，那走错了怎么办？毕竟在中间道路上可以左右逢源，前瞻后顾，走得更稳妥。

其实，人生没有中间道路。选择了就要义无反顾，放弃了就不要后悔，只有上路才能看到风景。

德国幻想文学作家米切尔·恩德的《犟龟》中，就有一只意志坚定、不达目的决不罢休的小龟。在小龟陶陶追求理想的过程中，有讥讽的言语，有热情的挽留，也有不屑一顾的眼神……但陶陶始终坚信自己会取得成功。它凭借着短小却结实的四肢，凭借着顽强的意志，克服了重重困难，最终实现了自己的理想——参加了狮王的婚礼。

没有一条路是白走的，有些路就算没能通向理想的终点，其沿途的风景，也足够我们一生铭记。但在做出选择之后，我们就必须时刻提醒自己：“要么出众，要么出局。”如果没有破釜沉舟的决心，畏首畏尾，患得患失，那就等于没有做出选择。即使失败了，但只要尽了全力，我们就不必后悔——总结一下失败的原因，磨利武器，去迎接下一场战斗。年轻就是最大的资本，为什么要害怕失败？大不了从头再来，大不了大器晚成。

人生如棋，落子无悔。自己选择的路，跪着也要走完。

人生没有中间选项，没有终南捷径，事情的难易、路程的长短，你须在做过、走过之后才能知晓。

出众与出局，其实掌握在人们自己手里。年轻人，就要义无反顾地前行——无论道路有多曲折，沿途的风景也值得你走这一遭。

10 光鲜背后的“苟且”

我们总是容易被名垂青史者的光芒所吸引——感佩勾践的“三千越甲可吞吴”，惊叹李贺“穿幽入仄”的天纵之才，歆羡苏轼的“千古风流”……却对这些光鲜人物背后的“苟且”与辛酸茫然不知。

勾践的棘薪刺背、苦胆穿肠，你可曾体味过？李贺的呕心沥血、郁郁终生，你可曾遭受过？苏轼的无端被祸、远谪南荒，你可曾经历过？……

哪有随随便便的成功？不经风雨，难见彩虹，这世界上没有毫无理由的横空出世。

运气好也好，背景好也罢，有些人之所以取得一番成就，无非是因为他们时刻准备着而已。这正应了一句话：“机会总是留给有准备的人的。”

一个人如果没有真本事，那么即便他家境再好，最后也只能落个“败家子”的名声。这样的案例比比皆是。

刘禅的一句“此间乐，不思蜀”，出尽了亡国之君的丑态。纵然刘备天纵英明，纵然孔明鞠躬尽瘁，蜀国的基业也还是在刘禅这一昏主手中销蚀殆尽。丧家亡国，反认他乡作故乡，真是觍颜到了极致。

每个有所成就的人的背后都有一段“苟且”的时光，只是他们的落魄、痛苦不为你所知而已。他们坚守自己的理想，愿意为之做出牺牲、付出代价，吃常人吃不了的苦。

作为年轻人，你现在所经历的磨难、所付出的辛劳，都会为你日后在人群中发光发热积蓄能量；而你现在的蛰伏，也会为你有朝一日的奋起作铺垫。

人们只会仰望声名卓著者的万丈光芒，却很少留意他们吃过的苦、受过的伤。作为年轻人，你们没有必要羡慕那些光彩照人的名家巨子，更没有必要自怨自艾，而要知道人生有不同的阶段，磨难都会过去，成功也能拥有——只要你还相信努力的意义，相信生活能靠双手改变。

坚强的你，搏击风雨吧，以更加舒展的姿态走向未来吧！

11 剔除你的弱者思维

所谓“弱者思维”，简而言之，就是指那些希图在别人的庇护下过安逸的日子，不愿奋斗却妄想获得与奋斗者同等待遇的人所具有的逃避思维。

有弱者思维的人，往往欠缺真正的学识与能力，而且暴躁易怒，游移不定，习惯性地依赖他人，天天幻想着“天上掉馅饼”却从不努力做准备，因而终生碌碌无为。

有弱者思维的人，常常会戴着“有色眼镜”看待每一个成功者，他们嫉妒别人的成功，却从不思考别人是如何成功的，总觉得别人之所以成功，是因为运气好——要么有个好家庭，要么遇到了“贵人”，而自己则是怀才不遇。他们总是强调外界因素，却从不在自己身上找原因；总觉得全世界都亏欠自己，却从来看不到自己的问题。他们抱着“我弱我有理”的心态去攻击其他努力的人，却意识不到自己的生活早已一塌糊涂。

有弱者思维的人，只发牢骚，没有行动。他们总是抱怨，总是夸夸其谈：“道理我是懂的，只不过没去做而已。”却不知纸上谈兵再出色，也不如带兵出征靠谱得多——前者只是“自导自演”的假想，而后者却是真刀真枪的实干。他们总想等到“万事俱备”后再动手，找个“最佳时机”迈出第一步，但这一“时机”却总是遥遥无期。最后，他们只能这样安慰自己：“懂了这么多道理，还是过不好这一生。”

歌德曾经说过：“采取一个改变命运的实际行动，比一千个苦恼、一万句牢骚都顶用。”在现实生活中，弱者总觉得别人做的事情都很简单，总觉得自己也会做，只是不去做罢了，却不明白：不去做，自己就永远都不知道这件事在实际操作中有多复杂。这正如电影《斗士》中的一句话：“知道路要怎么走，和走上这条路，是有区别的。”

有弱者思维的人，做事没有恒心，容易放弃。弱者往往认为，只要付出了一些努力，就应立刻得到回报，所以他们心理脆弱，遇到一点困难就会怀疑、抱怨、愤怒甚至放弃。而强者，只会越挫越勇。

生活中，很多家长会这样教导孩子：找稳定的工作、找可靠的伴侣、买实用的物品。虽然这种期许没有什么错，但这种努力规避一切潜在困难的心态极易让人丧失斗志。抱有这种想法的人，往往会最大限度地接受现实，轻言放弃，否定自己的潜力，最终只能流于平庸，一事无成。

讲到这里，我想起了稻盛和夫的“成功方程式”：成功 = 思维方式 × 热情 × 能力。对此，我深以为然。人与人之间的差距，往往就体现在思维方式上。我们如何看待这个世界，决定着我们怎样度过人生。

弱者思维最可怕的一点在于，它会让我们认不清真实的世界。

长期陷于弱者思维中，我们会变得像鸵鸟一样，喜欢逃避自身的问题。斯蒂芬·金说：“地狱从来都不会立即让你掉下去，而是一点点吞没你。”弱者思维也是如此，一旦你被它缠上，你就会被它慢慢吞噬，最终成为生活中真正的弱者。

希望我们大家都能剔除弱者思维，笑对挫折，团结一切可以团结的力量，为实现远大的理想而自强不息、奋勇拼搏，积极地开拓、提升自己的眼界与能力，淡定从容，自信独立，在人生的道路上“开挂”到底。

剔除弱者思维，要从当下做起。如果你想读书，那么你就看看自己能否坚持读上一个小时；如果你想练字，那么你就看看自己能否坚持写上一个小时；如果你想打扫卫生，那么你就先从自己的房间打扫起来。要知道，迈不出第一步的人，最终只会停留在原地。

12 控制你的负能量

每个人身上都是带有“能量”的，健康、积极、乐观的人带有“正能量”，与这样的人交往，他的正能量就会传递给你，令你也积极向上，觉得“活着是一件既有趣味又有价值的事”。消极、悲观的人则正好相反，他们往往带有“负能量”，而负能量能侵蚀人的身心。

负能量的表现形式多种多样：自私自利、斤斤计较、抱怨推诿、排新拒变、不思进取、暗箭伤人、唯我独尊、公报私仇……美国社会心理学家费斯汀格提出的“费斯汀格法则”，就充分阐释了负能量的破坏作用。费斯汀格在其书中举了这样一个例子：

卡斯丁早上起床后洗漱时，随手将自己的高档手表放在洗漱台边。他的妻子怕表被水沾湿，就随手把表拿到餐桌上。他们的儿子起床后去拿餐桌上的面包，不小心将手表碰到地上摔坏了。

卡斯丁心疼手表，就照着儿子的屁股揍了一顿，然后黑着脸骂了妻子一通。妻子不服气，说怕水把手表打湿。卡斯丁则说他的手表是防水的。

于是，夫妻二人激烈地斗起嘴来。一怒之下，卡斯丁连早餐也不吃了，直接开车前往公司。快到公司时，他突然发现自己忘了拿公文包，又立刻返回家。

可是家中没人，妻子上班去了，儿子上学去了，而卡斯丁的钥匙又在公文包里。他进不了门，只好给妻子打电话。

妻子慌慌张张地往家赶，撞翻了路边的水果摊，摊主拉住她不让她走，要她赔偿，她不得不赔了一笔钱才脱身。

等赶回公司时，卡斯丁已迟到了15分钟，挨了上司一顿严厉的批评。卡斯丁的心情糟糕到了极点，因而他在下班前又为了一件小事而跟同事吵了一架。

与此同时，他的妻子因为早退，被扣除了当月的全勤奖，而他原本有望在这天学校棒球赛中夺冠的儿子，也因心情不好而发挥失常，在第一局就被淘汰了。

在费斯汀格看来，生活的10%是由发生在人们身上的事件组成的，而另外的90%则是由人们对这些事件的态度决定的。试想，卡斯丁如果在手表被摔坏后能换一种态度，比如抚慰儿子说："不要紧，手表摔坏了，我拿去修修就好了。"这样，儿子宽心，妻子适意，他自己情绪也平稳，那么随后的一连串事故就不会发生了。只可惜卡斯丁没能做到，于是，10%的负能量带来了90%的恶果。

负能量常常伴随着抱怨和愤恨——抱怨自己的不幸，愤恨社会的不公与人性的丑陋，于是消极情绪蔓延，戾气充斥，事情也越来越糟糕。而正能量则体现为人在遭遇挫折后，能去主动地反思问题，寻求解决问题的对策。

有的人总喜欢把事情往坏处想，对未来不抱希望，一边固守现状，一边抱怨生活。这些年，在网络上，我们经常能看到许多人“慷慨陈词”、气急败坏，甚至肆意对他人进行人身攻击，在键盘上狠命地发泄着自己的怨气、喷射着自己怒火，仿佛自己是至高无上的审判者。殊不知，这种劣习会使人脱离实际、眼高手低，最终为生活抛弃。

所以，当我们遭受困难、情绪糟糕时，不妨首先思考一下：随意释放这些负能量，对获取理想的结果有帮助吗？能让我想出最佳的解决方案吗？

不提供解决方案的谩骂和抱怨是无益的，当你杜绝它们的时候，正是传递正能量的开始。

正能量也有不同的表现形式：和谐共处、坦诚沟通、尊重差异、真诚守信、鼓励尝试、支持创新……它能鼓舞人心，启发智慧，削弱负能量所带来的消极影响。

人就像飞蛾，喜欢追逐光明。与充满正能量的人交往，你会意识到自己的那点挫折不过是生命中的小插曲，没什么大不了的，未来还是充满光明与希望的，生活也还是有滋有味的。

人的意念来自人体中的“能量场”，“能量场”是每个人都具有的，中医称之为“正气”。这一能量场能发挥积极的作用，但也会随负面情绪的增强而衰退。所以，保持心态平和、多做善事，就能对能量场有所补益。可以说，道德是人体能量的源泉，人的意念越纯正专一，能量就越强大，此即中医所说的“正气内存，邪不可干”。

生性多疑、优柔寡断的人，做事是很难成功的。人的一生是一个耗能的过程，思虑过多会加速这一损耗。

要广交朋友、善结知己，要兴趣广泛、德才兼备，同时也要学会享受人生，有健康的幽默感，端正地看待自己。

要善于发现自己的优点，如勇气和正直，但不要借炫耀财物、资历、头衔或以往的成就来抬高自己的身份。要开诚布公地与人沟通，简单、直率、不做作。不走极端，不要认为“非赢即输”。

不要机械地将万事万物一分为二，认为事物非好即坏、非对即错，而要以抽丝剥茧的思考方式来处理问题，觉察、分辨事物之间的异同。态度与行动要依实际情况而定，做到客观公正、不偏不倚。不要为昨天感伤，也不要为明天空做白日梦；理性地活在当下，认真地盘算未来，学会随环境的变动调整自己。要诚挚，勇于承认自己的错误并对他人的无意之失宽容以待。要乐于做力所能及的事。

不要用恫吓与眼泪操纵他人，要由衷地为别人的成功感到高兴，平和地看待他人对你的褒贬，不要为此飘飘然或一蹶不振。

每个人都有未发掘的潜能，我们要足够自信，同时以仁厚之心宽恕他人的无意冒犯，既不要怀恨在心，也不要对他人乱贴标签、乱下断语。

请你梳理一下今天的负能量，然后想想怎么控制它们并把它们转化为正能量。

13 怎样把自己“逼”成一个上进的人

“逼”这个字很有意思，在篆书中，它是个左右结构的字，左边的“走之旁”，代表一个人在快速地奔跑，右边的“畐”字同“富”，《说文解字》中的解释为“满也。从高省，象（田）高厚之形”，可引申为“财富”之义。那么对于“逼”字，我们不妨做这样的灵活理解：一个人只有拼命地奔跑，才能获得财富。

世界上所有动物的能力、优长，其实都是被“逼”出来的。没有老虎、狮子的追赶捕杀，就没有斑马、羚羊、鹿之类食草动物的奔跑速度；没有破茧过程的痛苦，就没有蝴蝶美丽的翅翼……没有经受过“逼迫”，人的潜力就不可能被挤压出来。想要上进的你，如果不去“逼”自己一下，你或许永远都不知道自己可能会变成什么样子。

当今的时代是一个飞速发展的时代，贮藏着丰富的知识、智力资源。牛顿曾说：“我之所以看得远，是因为我站在巨人的肩膀上。”如今，借助互联网、信息技术等，我们完全能够把这些“巨人”直接拉到身边，充分利用他们留下的宝贵的精神财富，来补给自己的大脑、锻炼自己的手眼——这样的学习方法，会让我们成长得更快。

所以，只要目标明确、规划科学并锲而不舍，每个人都有成功的可能。

可是，为什么走向成功的依旧是少数人呢？英国著名作家狄更斯在小说《双城记》中说过一句很经典的话："这是一个最好的时代，也是一个最坏的时代。"的确，当今这个时代在充满了各种机遇的同时，也充斥着各种诱惑，饮食财货、声色犬马总是把魔爪伸向一个又一个人，而那些抵挡不住诱惑、把控不住自己的人，往往就迷失在了里面。美国作家尼尔·波兹曼写了一本书叫《娱乐至死》，里面讲的就是这种现象。一个有思想、有理智、有成功愿望的人，在做每一件事情之前，都会考虑做这件事的意义是什么。人的生命有时限，所以不要把时间浪费在无谓的事情上，而要让所有的付出都有意义。在初中打三年游戏与努力学习三年，最终的结果是不一样的。

人的身体里能分泌一种叫多巴胺的物质，它能使人快乐，并能让人对那些令人快乐的事物上瘾。网络游戏、手机里的各种娱乐软件，就是利用了这一物质，诱导人们上瘾的。过度沉迷于这些事物，把自己大好的年华耗费在浅层次的感官愉悦上，对于身处学生阶段的人而言，无异于挥霍青春。

由此，我想到，既然这些游戏、软件的运营商能"设计"你，让你上瘾，那你为什么不自己"设计"一下自己，成为自己的"运营者"，"逼"自己成为一个上进的人呢？

人之初，性本"惰"。懒惰、贪恋安逸是人的天性，不信你问问，如果衣食无忧，人们的梦想是什么？答案恐怕多在享乐的范畴之内。

一切让我们上进、奋发的事，其实都是有点“反人性”的、让人不舒服的。所以，跳出自己的舒适区，不断拼搏、进取，是一件令人“痛苦”的事，没有多少人会心甘情愿地去做。所以，那些最终取得成功的人，大多是被“逼”出来的。比如著名钢琴家郎朗，若没有他父亲当年那种近乎残酷的逼迫，会有他今天的成就吗？当然，不只是郎朗，人类的进步在很多时候都是被“逼”出来的。

然而，你打算怎么“逼”自己呢？只是简单地喊喊口号——“我打算逼自己一把了啊！”“我要开始上进、开始努力了啊！”这样就可以了吗？当然不行！

你要有方法！

第一招：营造促人上进的环境。

晋代傅玄在其《太子少傅箴》中说：“近朱者赤，近墨者黑。”西汉刘向在其《列女传》中记载：“孟子生有淑质，幼被慈母三迁之教。”由此可见，环境对一个人的影响非常大，这种影响可能是终身性的，这也是当今很多父母热衷于买学区房的原因——他们宁愿多花很多钱，也要让自己的孩子上一所好一些的学校。好学校的优势不仅体现在教学质量上，也体现在学习氛围上。

想要让自己成为一个上进的人，首先要让自己身处良好的环境中。如果你身边的人都是懒散的、不思进取的，那你就很容易被他们同化。

怎样判断自己是否处在一个良好的环境中呢？

首先，思考一下，你认为多久之前的自己“不够好”呢？这段时间越短，你身处的环境就越有助于你的发展。如果你认为自己一直了不起，那就说明你所处的环境让你裹足不前。

其次，思考一下，你身边有多少优秀的朋友（指聪明的人、能干的人、积极上进的人，而不是天天陪你吃喝玩乐的人）呢？如果优秀的朋友不断增多，就表明你所处的环境有益于你的成长。在这样的环境中，你会有火焰般的激情，而且就算你站着不动，那些上进的朋友也会簇拥着你，让你不由自主地往前走。

第二招：寻求外部监督。

这相当于“绑架”自己。正如电子游戏会“绑架”我们、让我们上瘾一样，在追求“上进”上，我们也应该自己“绑架”自己。比如，你为了让自己早起而定了闹钟，然而在铃声响起时，又往往把它关掉继续酣睡。这说明，这一提醒没有“绑架”你，它是无意义的。而我与学生约定每天早晨6点40分在学校集合跑操，就相当于我把自己给“绑架”了，所以我每天都能按时起床、早早到校。

一个优秀的企业，为什么要创品牌？就是为了主动“绑架”自己，接受消费者的监督，以此来提高产品质量和服务质量，获得更多、更好的发展机会，进而不断壮大自己。

所以，在起步的第一天，你就要让自己被“绑架”起来。

寻求自由、厌恶束缚是人的天性，但实际上，我们真正需要感谢的，正是那些约束我们的东西。当我们回望自己走过的路时，我们会向那些约束我们的东西致敬。例如，你会感谢父母在你小时候对你练琴的严格要求，因为正是他们当年的严格管束，培育了你出众的艺术素养。

鉴于此，想要“逼”自己上进，就一定要寻求外部监督，“绑架”自己。

第三招：利用反馈的不确定性。

人们都是被反馈“喂养”出来的。当你的行为获得正反馈时，你就会倾向于重复这一行为；而若获得了负反馈，你日后就会有意识地杜绝这一行为。虽然，在很多情况下，你获得的反馈并不像表扬或批评那样直截了当，但对于很多人来说，不确定的反馈魅力更大。

你在“朋友圈”里发了一张自拍照后，往往会按捺不住，不时点开“朋友圈”看一眼，看是否有人点赞、评论了。为什么发个“朋友圈”能让你这么沉迷呢？因为不确定的反馈让你沉迷。

所以，利用好反馈的不确定性，有助于“逼迫”我们更加上进。比如每天坚持锻炼，走几千步，之后发个“朋友圈”，看有多少人为你点赞；再比如在“简书”上开一个写作专栏，每天写一千字，看有多少人阅读你的文章。我在新疆的时候，每天坚持写博客，收获了不少读者，所以一旦断更，他们就会追问我为什么不写了。这“逼”着我不停地写，最终使《援疆日记》系列作品得以问世。

第四招：分割长远目标。

打游戏之所以让我们上瘾，一个重要原因就是它把一个大目标分解成了多个小目标，让你在不断实现小目标的过程中获得正向反馈，产生成就感。

因此，想要上进，就一定要把长远目标分割开来，将远途细化为一级级可视的台阶。如此拾级而上，我们在心理上也会感到轻松许多。

做一件什么样的事更容易让人坚持下去呢？那就是其结果对你来说虽不是唾手可得，但你踮踮脚伸伸臂就能够着的，即有一点挑战却又不是太难的事情。比如早睡早起、不再迷恋手机、每天坚持阅读与锻炼等。一个优秀的人，善于将漫长的征程分割成一段段短途，他步履从容，每走一步都会获得正向反馈。

在细分出阶段性目标之后，你更易为实现自己的终极目标不懈奋斗，进而产生一种“心流”——沉浸于所做的事中并产生美妙的感觉。这与游戏中“打怪升级”背后的心理机制是相似的，即阶段性、短期内的成功更易让人心生喜悦、情绪亢奋。

我们身处的这个时代，对上进的人其实是非常友好的，因为有太多太多的学习工具可以利用，而我们只需要确定是否去学、是否去做。

跨出自己的舒适区，为自己设计一套“上进机制”吧，相信多年后，你一定会深深感谢当初那个奋斗的自己。

14 让努力成为一种习惯

努力并不是做给他人看的，也不是用来为自己粉饰的。看到自己的长处与不足、认清自己的优点与缺点，这才是努力的意义。

每个人心中都有一个理想的自己，完美无缺，但心中的自己与现实中的自己之间，必然有着很大的差距。还记得网络上流传的那句话吗——“我们终会变成自己当初讨厌的那种人。”

确定自己的人生目标，制订自己的人生计划，开发自己的潜力，一步一步、脚踏实地地成为更好的自己，成为自己当初敬佩的那类人，是我们努力的方向。

要努力，首先要弄懂努力的真谛。在生活中，有的人努力是为了提升自己，有的人努力则是为了超越他人。有竞争意识是好事，但实际情况未必一帆风顺，挑战受挫会让人心生失落。其实，这恰恰是对努力的真谛懵懂无知的表现。

每个人都能变成更好的自己，虽然这个自己未必是“无所不能”的，但完全可以是自信、勇敢、活力四射的。朝着自己的目标奋勇前进，且歌且行，不抱怨，不放弃，我们就能成为幸福的人！

努力是为了让自己成为更好的人，在某种意义上，它与成长是画等号的。赢了别人不一定就代表着你真的成长了，只有当我们努力地完善自己、专注地提升自己时，我们才能获得真正意义上的进步！

超越他人，的确会给我们带来宝贵的人生经验，增强我们的自信心；但我们更应该超越的，是昨天的自己，是自己以往的成绩。

努力的意义在于使人认清自己，只要你肯努力、肯拼搏，长此以往，你就会成为令他人肃然起敬的赢家！

让努力成为一种习惯，越努力的人越幸运。

15 是什么能让自己变得优秀

相信每个人都有这样的渴望：改变自己，让自己变得更优秀。

我一直认为，师父领进门，修行在个人。在武侠小说中，悟性的高低往往是决定主人公能否练就绝世武功的硬性条件，较之那些武学秘籍，显得更重要。因为一个人倘若悟性低，那么即便师父教他天下第一的绝学神功，他也未必能够掌握其中的精髓。

但不管我们的悟性是高是低，只要我们想取得进步、变得优秀，就只能走一条路——制定方案，付诸行动，针对出现的问题进行思考与分析，调整方法，然后重回正轨。

那么究竟是哪些因素造就了成功？心理学家做过研究并有所总结：一个人如果具有以下这五个“C”，那么无论他是否接受过正规教育，他都能在某些方面取得成功。

一、性格（Character）

好性格是高情商的体现，它不仅能使你与他人和睦相处，亦能帮你吸引优势资源。而自信，就是良好性格中非常重要的一面。

自信的人永远都在探求答案的路上，而自卑的人永远都在逃避问题。自信的人总有一个前进的计划，而自卑的人总有一个推托的理由。自信的人能从困境中看到种种希望，而自卑的人则会在顺境中假想出种种困难。

你有没有想过，你的性格是怎样的呢？

二、承诺（Commitment）

承诺是一个人信用的保证，不管身处什么样的社会，一个人信用值的高低，都决定着他是为别人信赖还是排斥。

无论是工作上的事还是生活中的事，既然答应了别人，就要去好。做不好是一回事，答应了却不去做则是另一回事。记住，不要许下你无法兑现的承诺，除非你在这件事上不在乎信用度的建立。

想一想，你是否经常损耗自己的信用值呢？

三、信念（Conviction）

我们以何种姿态立足于这个世界，很多时候取决于我们内心中秉持的信念。你对这个世界持何种信念，你就会如何对待这个世界。

如果你认为，只要太阳每天升起，生活就又是崭新的、值得去为之奋斗的，那么你就会信心倍增，不断阔步向前；相反，如果你觉得人生没有意思、跟别人打交道很烦很累，那么你的一言一行也就自然会被这种信念操控，变得消极颓废。

想一想，你内心中的信念到底是怎样的呢？

四、礼貌（Courtesy）

一个懂礼节的人，至少在某种程度上，是具有一定修养的。礼貌，是这个社会的准入证。

但是，懂礼貌不一定就代表着一个人素质高，毕竟表里不一、装模作样的伪君子大有人在。不过，如果我们不想在这个社会中处处碰壁，礼貌的作用还是不容小觑的。

你是否想过，自己怎么说话才足够得体，怎么表现才落落大方呢？

五、勇气（Courage）

敢于挑战自己、勇于迈出舒适区，是获取成功的必要因素，而支撑在其背后的，正是你的勇气。

如果缺乏勇气，你就不敢尝试去做那些具有一定难度的事，你就会一直待在一个狭小的圈子里，看不到外面的世界，原地踏步，一成不变。我想，这种情况，谁都不愿意看到。

那么，你有改变自己的勇气吗？

第三话

在不确定的状态下生存

当今的时代是一个飞速发展的时代，

我们只有不断地更新自己，才能跟上时代的步伐。

改变自己，也许比改变世界还要难。

充分认识自己，活在当下，

对自己抱有期许，对世界保持热情，不断尝试着做出改变……

这些朴素的愿望仍然体现着一个人最可贵的创新品质。

不要惧怕不确定的困扰

不要惧怕不确定的困扰
世界不像你认为的那样玄奥
明天也不是你想象的那般糟糕
条条大路通罗马
只要你肯为梦想百折不挠

不要惧怕不确定的困扰
或许你会为犯错而苦恼
或许你会为挫折而自扰
但应知“否定之否定”是认知规律
从失败中总结出的经验是成长的不二法宝

不要惧怕不确定的困扰
新知是你进步的阶梯
兴趣是你最好的向导

甘于为追求真理奉献心血
坚定信念，追求理想，付出辛劳

不要惧怕不确定的困扰
懒散的意绪带来精神的空虚
奋进的心态造就成功的辉煌
有行动就有收获
执着会将你的人生定位拔得更高

不要惧怕不确定的困扰
前进的路
我们一起去寻找……

16 主动应对眼前的一切

我们常常听人讲：“要把命运掌握在自己手中。”那么到底应该怎样做，才能把命运掌握在自己手中？

其实，答案就在这一问题里——我们应怎样对待自己的生命？应如何为自己的生命负责？我们回应生命的方式，将决定我们的人生。

很多时候，事情能不能办成、问题能不能解决，取决于我们是不是具有主动性。如果总是被动应付、认死理，那么谁都帮不了你。机遇、成功总是垂青那些积极进取的人。

“人生就像一盒巧克力，你永远都不知道下一块是什么味道。”电影《阿甘正传》中阿甘母亲的这句话，向我们诠释了每个人生命轨迹的独一无二。阿甘，正是听着这样的教诲，一步一个脚印地踩出了自己的生命奇迹——智商只有75的他后来成为橄榄球健将、乒乓球外交使者、超级富翁……他跑遍了美国，攀上了很多智力健全者终其一生都无法攀上的高峰。

阿甘生来就不是出类拔萃之人，但上天又是如此公平——往往让起点不高的人比天资优越的人更早、更深刻地认清生活的本相，使他们被反向激发出异于常人的执着信念。有的人常觉生活负担过重、面前困难重重，因而终日垂头丧气、郁郁寡欢，但阿甘则怀抱明确而单纯的信念，即便先天不足、艰辛备尝，也皆处以平常心，最终将磨难一一战胜。这虽然不能被简单地理解为“愚人之福”，但不可否认，怀揣这种信念与意志的人，往往会笑对人生的重负，更易抵达生命之巅。

当前的网络时代和人工智能时代比历史上任何一个时代都更要求人具有主动性，因为变化太快，不确定性不断增强，而人们只有主动地去适应环境，才能获得生存和发展。现在，很多行业的变革速度，远比我们想象的快，没有主动性的人，处境会越来越窘困。或许，主动应对的成效在短时间内显现不出，但就长远来看，积极应对的人终会与消极等待的人拉开距离。

17 成长，从解决问题开始

生命，最重要的是成长。

但真正的成长从来都不是简单的，人们成长的过程其实是与各类问题扭结牵缠的，可以说，人们是在不断解决问题的过程中成长的，没有解决问题的过程，就没有收获，也没有成长。

什么是问题？当我们的智慧不足以解决它时，它就是问题；而当我们的智慧能够解决它时，它就不是问题了。可见，问题是提升我们智慧的脚手架，解决问题的过程，本质上就是增长智慧的过程，与我们的成长亦息息相关。譬如我们克服了识字的困难，便能进入阅读的世界，一旦进入了阅读的世界，眼界开阔了，我们也就变得聪明、有智慧了，这便是人们常说的“人生聪明识字始”。

在我们学会了某项技能后，我们就解决了某个问题。例如学会了读五线谱，一看到它，你就可以哼出旋律，即使很长时间不温习，当你再看到它时，辨识起来也不会感到困难——它已经成了存储在你大脑中的知识。

什么样的人会被问题绊住呢？是那些没有掌握解决问题方法的

人，或那些一遇到问题就绕着走的人。你不解决问题，问题就会“解决”你。有些问题你现在不解决，它们就会跟你一辈子。生活中，我们就经常能看到有些人老是在相同的问题上栽跟头。

解决问题的过程往往伴随着艰辛，而人们大多害怕吃苦，一遇到问题和困难，就往往下意识地躲避，不愿尝试去解决。但问题恰好就出在这儿。

没有人会把完成一件容易的事当作自己的梦想，例如吃饭和睡觉，因为这不会带给我们成就感。攻克难题后的成就感太令人着迷了，想想看，假如有一天，高山缆车可以让我们轻而易举地登上珠穆朗玛峰，那么登上珠峰还会是一件令我们激动、骄傲的事吗？

美国作家约瑟夫·坎贝尔说：“唯有进入深渊，我们才能寻到生命的宝库。你跌倒的地方，正是宝库所在地。你最害怕进入的洞穴，正是你探索之路的起点。”要想成为一个能力出众的人，从来都需要忍受孤独与苦辛，所谓“十年磨一剑”，说的就是这个意思。如果逃避问题，我们就会错失成长的良机。

我们的问题，最终往往会变成我们的学问。牛顿解决了“苹果为什么落地”的问题，发现了万有引力定律；爱因斯坦则对经典物理学中牛顿的绝对时空观产生怀疑，提出了囊括“四维时空”“弯曲时空”等概念的相对论。

既然解决问题对我们的成长如此重要，那么为什么这么多人在问题面前选择放弃呢？这是人性使然。精神分析学说认为，在人的精神结构中，位于最低层次的是“本我”，位于最高层次的是“超我”。“本我”是人格中最基础、最原始的部分，是生物性冲动和欲望的贮存库；“超我”则是精神结构中最后发展的部分，被弗洛伊德视为人格结构中的道德良心和自我理想。一个人要想真正成长，就必须从“本我”迈向“超我”，而这一过程需要极度的自律。举个例子来说，为什么你爱睡懒觉？原因往往就是你的“本我”战胜了“超我”，即贪图安逸的天性战胜了克服困难的决心。心理学家认为，最能阻碍一个人成长与进步的，不是别人，而是他自己。正如我们常说的“懂得很多道理，却依然过不好这一生”，其原因就是“知”与“行”的脱节。

问题是人类成长的催化剂，所以我们要直面自己的问题，在解决问题的过程中反思、进步，只有这样，我们才能真正地成长，也才能收获成长的喜悦。

18 在不确定的状态下生存

以色列历史学家尤瓦尔·赫拉利著有一部名为《未来简史》的书，他在书中说：人类过去的几千年都不曾像今天这样，没有人知道未来的三十年中会发生什么。

怎样在不确定的状态下生存？作家林清玄的散文《桃花心木》，或许能给我们一些启示。

文章写了一个租他家空地种桃花心木树苗的人，这位种树人的做法很古怪：树苗种下以后，他常来浇水，但浇水间隔并无规律，有时隔三天，有时隔五天，有时十几天才来浇一次；浇水量也不一定，有时浇得多，有时浇得少；而且浇水时间也常常改变，有时早上浇，有时下午浇；有的树苗莫名其妙地枯萎了，他来的时候便会带几株新苗补种。

作者忍不住问他：到底应该在什么时间浇水？多久浇一次？树苗为什么会无缘无故地枯萎？如果你每天都来浇水，那么树苗应该就不会枯萎了吧？

种树人回答说：种树不是种菜，种树是百年的“基业”，不像青菜那样几个星期就可以收成。所以，树木要学会自己在土壤里找水源。我浇水只是模仿老天下雨，老天下雨是算不准的，它几天下一次、上午下还是下午下、一次下多少……都是无法预料的。树木如果无法在这种“不确定”中汲水生长，自然就枯萎了。但是，能在“不确定”中找到水源、拼命扎根的树，长成百年大树肯定不成问题。如果我每天定时定量地浇水，树苗就会形成依赖性，根就无法深入地下。一旦我停止浇水，就会有更多的树苗枯萎，而那些幸存的树苗，遇到狂风暴雨，也极易夭折。

作者听后，感慨道：不只是树，人也是一样。在“不确定”中生活的人，更能经得起生活的考验，锻炼出一颗独立自主的心，将恶劣环境中的少量“养分”转化为巨大能量。

那么，如何适应不确定的环境并在这种环境中顺利成长呢？

首先，要静下心来自我“赋能”。在当今这个变幻莫测、飞速发展的社会中，新知识、新发明层出不穷，而单一的知识、技能结构已不能使人们顺利涉足时代浪潮。为了应对这一形势，很多国家都将关注的焦点放在生存教育上。

我们要为自己赋能，将外部驱动转化为内部驱动。比如新冠肺炎疫情期间，很多同学都在家中进行线上学习，那么想要让自己获得进步与提升，我们就要自我督促、自我领导，不要单纯借助外部的奖励或惩罚。

只有通过自我赋能、自我驱动，我们才能萌生出超越自身的愿望，才能采取积极行动，才能实现自我提升。外部环境越是变化不定，自我驱动就越显重要，因为它支撑着人的长久自律。

其次，通过思考问题来提升认知，让思考成为一种习惯。法国哲学家、数学家帕斯卡说过：“人是自然界中最脆弱的东西，所以他是一根芦苇，但他因为会思考，可以囊括宇宙，可以通向无穷，这就是人在宇宙中的全部尊严。人因会思考而高于万物、统率万物，人因思考而伟大。”

一个会思考的人，才是生活的主人而非旁观者。那么为什么同是生存于一个世界，不同的人之间会有这么大的差距呢？这是因为人与人之间存在着认知的差距，认知不同，选择不同，结果自然也不同。所以，我们只有不断地提升认知，才能打破自我局限，取得进步。而提升认知的关键，在于你能提出好问题。

什么是好问题呢？《创新化生存》一书指出：“好问题的本质是忘记先入之见，质疑一切，不仅要调动知识，更要探索和行动，改变理所当然的可能性。”提出好问题是如此重要，就像书中所说的：“在变动的时代，一个问题也许会瓦解一个巨人，也许是另一个伟大故事的开端。”十几年前，当诺基亚公司把关注的问题锁定在“如何把手机做得更结实、更便宜”时，苹果公司关心的问题却是“如何优化用户的移动电话使用体验”，最后，诺基亚败给了苹果。

被人们关注的问题，会影响甚至决定一个企业的命运，同样也会影响甚至左右一个人的人生走向。关注“如何轻松地过完一天”的人和关注“如何成就更好的自己”的人，十年后的境况或许会截然不同。

为什么好问题有助于提升人们的认知呢？因为一个好问题往往具有知识性与探索性，而人们在解决它的过程中，也会使自己的知识得到扩充、见识得到增长。因此，解决问题的过程，就是提升认知的过程。

既然提出问题这项技能如此重要，那么我们该如何锻炼、提升这一能力呢？

第一，从自身着眼。比如很多人都思考过“如何合理利用时间”这一问题，也采取了很多方法，但效果往往不尽如人意。为什么呢？因为他们没能管理好自己。其实，把自己管理好了，时间也就能被合理利用了。

第二，质疑问题本身。面对问题，我们要多问“为什么”，多追本溯源。比如，虽然我们常说“要努力学习”，但我们真正思考过“为什么要努力学习”这个貌似不是问题的问题吗？我想，在弄明白了这一问题后，学习于大家而言，就应该是一件有趣味、有意义的事了。

第三，积极行动，主动实践。意义是行动赋予的，如果你什么都不做，你的存在就没有意义。只有在行动中，你才具有实实在在的意义，才不会陷于空想。

必须要说的是，我们在行动中，一定要积极地寻求反馈，因为反馈就像助燃剂，能促使我们取得更大的进步。我们既可以从老师、同学的反馈中思考自己的问题出在哪里，也可以根据老师、同学的指导与建议修正自己的问题。

心理学家罗洛·梅说:“人要自我实现、得到关于存在的终极价值,只能通过创造性活动。”把每一次尝试视作一次实现自我的机会,在行动中不断修正自己的问题,人们才能实现自我成长。

当今的时代是飞速发展的,我们只有不断地更新自己,才能跟上时代的步伐。改变自己,也许比改变世界还要难。充分认识自己,活在当下,对自己抱有期许,对世界保持热情,不断尝试着做出改变……这些朴素的愿望仍然体现着一个人最可贵的创新品质。

所以,同学们,请从此刻起就开始独立思考并积极行动吧,相信即便是荆棘遍地,你也能开垦出一片沃土。

19 要有成长型思维

成长是关乎生存和发展的大事，在不确定的状态下生存，人们必须具备成长型思维并树立终身成长的理念。

黄素菲教授曾经讲过一则真实的故事：

她在乘坐出租车的时候，遇到过这么一个司机，这个司机在汽车的后挡风玻璃上写了一行英文：“I can speak English.”黄素菲教授看到后觉得很有意思，就跟他聊天，不料这个司机竟提出用英语进行交流。

在用英语交谈的过程中，黄教授了解到，这个司机学习英语的初衷只是为了跟儿子赌气，就像现在很多家长一样——为了督促孩子学习，自己也跟着背课文、背单词。

起初，这个司机也是让儿子背英语单词，儿子却不服气地说：“你整天叫我背单词，你自己又会不会背呢？”他一听，生气了，干脆就把儿子的整本英语课本背了下来。背过之后，他觉得还挺有意思，于是就开始系统地练习英语口语。不出几年，他就完全可以用英语流利地与人沟通了，乘坐其出租车的外国人渐渐多了起来，他的收入也水涨船高。

搭乘的外国人越来越多，这个司机与他们的交流也越来越深入。慢慢地，他发现了外国人普遍感兴趣的话题，便买来相关书籍进行阅读，使知识面得以拓宽。当有些外国人好奇地问他“怎么懂这么多”的时候，他非常淡定从容地告诉他们：“我们中国很多出租车司机都是这样的，我在其中并不是最出色的。”

这位司机的思维模式，若用心理学教授卡罗尔·德韦克的观点来解读，就是“成长型思维”。卡罗尔·德韦克在其著作《终身成长》中告诉我们，与成长型思维并存的，还有另一种思维，即“固定型思维”。这两种思维模式对人们的成长发挥着迥然不同的作用。

如何区分固定型思维与成长型思维呢？简单来说，具有固定型思维的人对待事物态度消极，认为事物一成不变。比如考试得了60分，他就挫败感强烈，觉得自己很笨，觉得自己没有办法改变这一现状，觉得即便努力也是白费等等。而具有成长型思维的人则乐观积极，喜欢接触新鲜事物，喜欢应对挑战，遇到难题会想办法解决，并且坚信自己的能力可以提升。比如同样是考了60分，他可能就会把出错的题目整理出来，向同学或老师请教，直到弄懂学会，而且他会付出更多的努力，以确保自己在下一次考试中取得好成绩。

决定我们行为结果的，往往是我们的思维模式，就像我们常常听闻的一句话——“思想决定行动，行动决定未来。”那么我们又该如何调整自己的思维模式，使其向好的方向转变呢？对此，我总结了以下几点：

第一，制订明确而具体的计划。我们在做某件事之前，应先把目标确定下来，然后再规划具体的执行步骤，这样我们做起事来就会有条理得多。

第二，不要畏惧改变。大多数人在遇到新情况、新事物，需要自己做出改变来适应时，其第一反应往往是抗拒，但是抗拒并不能扭转大势。所以，在面对新事物时，我们不要心怀抵触，不要拒绝有可能会随之而来的诸多机遇。事物都会发展变化，人总要成长，畏惧新变的人，就是拒绝成长与进步的人。

第三，从自身做起。德韦克在研究中发现，有些人在很小的时候就养成了固定型思维。比如有的孩子看到别的孩子能写能画，还会做数学题，就认为自己天生愚笨，不如别的孩子聪明，进而觉得努力没有意义并厌恶努力。鉴于此，大家必须从现在做起、从自身做起，不断反省自己，每天问问自己："我今天是以成长型思维来待人接物的吗？""我今天是否有所进步呢？"长此以往，你原先的固定型思维就会慢慢地转变为成长型思维。

改变思维模式、多角度审视问题，会让我们更加积极乐观，更能勇敢地面对未知。就像书评人汪冰先生说的："成功是一时的，而成长是一辈子的。"只有先把思维模式调整好，我们才能在通向未知的路上畅行无阻。

20 学会独处

成长是一场孤独的冒险。心理学家温尼科特认为：拥有独处的能力，是一个人情感成熟的最重要的标志之一。

一个人要想有良好的生活状态，就要学会独处，找回内在的力量。很多优秀的人，其成长都是从独处开始的。宁远在《远远的村庄》中写道：“孤独是非常有必要的，一个人在孤独时所做的事，决定了这个人和其他人根本的不同。”

在这个世界上，没有什么果是没有因的。爱因斯坦说过：“人与人之间的差别，决定于业余时间。”

生活中不乏这样一些人：他们虽然每天熬夜，却只是拿着手机拉闲呱、打游戏；虽然天天按时上课，却只是在课堂上补昨晚落下的觉；虽然在图书馆里坐了一天，却一页书也没有读进去；虽然去了健身房，却只是跟别人搭讪聊天……

所有的事都发生在流逝的时间里，而你在独处的时间里做了些什么，最终都会在你身上体现。骗别人容易，骗自己更容易，可是事实不会因欺骗而改变。

在我们身边，也不乏这样一些人：他们安静踏实，拒绝不必要的应酬，摒弃各种诱惑，一心一意地努力，在独处时从不被干扰，走心地过好自己的每一分钟。虽然这些付出未必会被别人看到，但他们自己问心无愧。他们在独处中寻到真实的自己，与自己的心灵进行深度对话，远离喧嚣与躁动，在自己的小世界里默默地为人生积蓄力量。

孤独是我们人生的必修课，是最高级的自律。就像叔本华所说的："要么孤独，要么庸俗。"因为拥抱孤独，我们学会了独处；因为独处，我们变得与众不同。

也许你会认为喜欢独处的人是不合群的、是内向的，但就算是这样，那又怎么样呢？要知道，只有经受了孤独的洗礼，人的内在价值才会显露。

请你学会独处，因为孤独中有你意想不到的滋味和收获。

21　不要生活在别人的世界里

总有这样一些人，为了所谓的“合群”而生活在别人的世界里，在迎合别人中失去了自我、放弃了理想、蹉跎了大好年华。

其实，这种生活让人过得很累、很难受，因为你每天挂怀的不是自己的追求和梦想，而是迎合与应付。于是，你渐渐失去了自己的思考和判断，成了供别人役使的“奴隶”。

要明白，人生的意义不在“合群”与否，而是为了实现自己的理想而找到真正与自己契合的群体。

合该合的群，寻该寻的事物，无论是朋友，还是理想。这才是人生的硬道理。

很多时候，你以为你是在“合群”，但其实你是在消磨自己的青春；你以为你交了朋友，可当你一无所有时，你之前的那些势利之交便会弃你而去；你以为你的学生生涯因玩乐而多姿多彩，可当你毕业后找不到工作、租不起房子、失去生活基础时，你会更加孤单。

自己没本事，认识谁都没用。一位朋友曾对我讲述过他的亲身经历：十多年前，他偶然结识了某位“大人物”，两人十分投缘，相互留了电话，他满心以为这是条很重要的人脉。不久之后，他遇到了一些困难，于是想起了这位“大人物”。他发去了一条言辞恳切的短信，“大人物”没回；他又打去了一个电话，结果电话那头只传来两个字——“没空！”

其实，很多社交的意义都不大，看似留了别人的电话，却在需要帮助的时候依旧孤立无援，因为事实往往是残酷的——只有优秀的人，才能获取有用的社交。

乔布斯曾说：“你的时间有限，所以不要为别人而活，不要被教条所限，不要活在别人的观念里，不要让别人的意见左右自己的内心。最重要的是去勇敢地追随自己的心灵和直觉，只有自己的心灵和直觉才知道你的真实想法，其他一切都是次要的。”

请你坚信，优秀的人都是耐得住寂寞的，正如屈原所说的：“鸷鸟之不群兮，自前世而固然。”

学生阶段，你如果一味地“合群”，就会闭目塞听、故步自封，成为井底之蛙，将来步入社会，便会发现自己一事无成、寸步难行。

当然，不生活在别人的世界里，并不代表着孤芳自赏甚至桀骜不驯；“道不同不相为谋”，也并不代表着对别人横眉冷对、恶语相向。每个人都有自己的生活方式与生活态度，对于这些，我们要予以尊重；只是，我们自己也要理性地思考与选择，要有自己独立的思想。

总之，我们要有强大的定力和淡泊的内心，拥有一片私人的天地，能让我们在其间静静地思考，然后抖擞精神，向理想迈进。

22 凡事讲规则

人总是身处群体之中，无论是小如家庭，还是大如社会，都属于群体的范畴。为了让自己与他人和谐融洽地共享资源、共同生活，我们需要规则。

或许有人会质疑：若凡事讲求规则，人不就失去自由了吗？规则真的那么重要吗？

是的，没有规则，社会就没有稳定的秩序，人们也就无法正常生活。其实，规则是自由的前提，是公民权利与公序良俗的保障，若没有了规则，就什么都谈不上。

在谨守规则这件事上，历史上有很多著名人物为我们做出了表率，他们甚至以生命为代价，捍卫了规则的权威：

古时，曹操的军队在经过麦田时，曹操下令不准践踏麦地，违者斩首。于是，官兵们纷纷下马，用手扶着麦秆，一个接着一个，小心翼翼地穿过麦地。老百姓见了，都称颂拜谢。突然，田野里飞起一只鸟，惊到了曹操的马，那马一下子跃入麦地，踏坏了一片麦苗。曹操让主簿为自己定罪，但被拒绝了；他要引剑自刎，众人又纷纷苦劝。于是，曹操就用佩剑割断了自己的头发，说："既然这样，那我就用我的头发代替我的项上人头吧。"睹此，三军悚然，日后再无一人敢违背命令。这就是"割发代首"一词的典故。

在雅典恢复奴隶主民主制后，苏格拉底被控以藐视传统宗教、引进新神、腐化青年、反对"民主"等罪名，并被判处死刑。据《克里托篇》记载，他拒绝了朋友和学生要他乞求赦免和外出逃亡的建议，饮下毒酒从容赴死。为什么拒绝呢？苏格拉底说："整个审判都是按照雅典的法律程序进行的，所以判决具有法律效力。虽然我不认同这个判决，但依旧要服从。"苏格拉底将自己面对死刑的态度概括为一句话——"坚守规则即正义"。

这些历史名人之所以严守规则，是因为他们深知规则的意义。

古罗马有一句谚语："有社会，就有规则。"其实，这句话也可以反过来说——有规则，才有社会，才有社会的正常运转，才有人们的真正自由。

我们不能无限度地强调自由，而要在规则的框架中追求自由，做事要有边界意识。著名的儿童教育家陈鹤琴曾对规矩（规则）和自由的关系做过非常到位的诠释："有规矩的自由叫作活泼，没有规矩的自由叫作放肆；不放肆叫作规矩，不活泼叫作呆板。"

规则是维护秩序的不二法门，在现代社会中，遵守规则是人们行事的首要原则。凡事讲规则，在某种意义上也是一个人法治思维的体现，在依法治国的今天，这种思维尤为重要。

有底线地追求自由，于人而言，是一种修养、一种境界。让我们从自己做起、从现在做起，真正践行"不以规矩，不成方圆"这句古语。

23 成功的三大定律

每个人都渴望成功，也希望能从成功者身上探得通向成功的“终南捷径”。其实，自然界中的很多现象就能给我们启迪。

一

一个池子里的荷花，每天开放的速度都会是前一天的两倍，直到第三十天时，它们就能把整个池子开满。那么请问，你知道荷花会在第几天开够半个池子吗？

很多人或许会不假思索地回答“第十五天”，但正确答案则是第二十九天，也就是说在第三十天，荷花会一口气开满剩下的半个池子。由此可见，荷花在第三十天的开放速度是最快的，相当于前二十九天速度的总和。这就是“荷花定律”，这一定律告诉我们：成功需要蓄势，需要沉潜。

人们之所以常在距离成功只有一步之遥时功亏一篑，往往是因为缺少了那么一点毅力。其实，那些能够改变人们命运的机遇，都来自人们日复一日的投入与坚持。所以说，一旦有了梦想，我们就要行动起来，并为之坚持不懈。

二

新生的竹子在前四年的时间中，仅仅长了三厘米，但从第五年开始，它便以每天三十厘米的速度疯长，仅用六周的时间，就能长到十五米。

原来，竹子把它所有的气力都用在了地下、用在了根须的伸展上。在这五年的时间里，它的根须能够延伸至极远的地方。这就是“竹子定律”。

其实，做人做事亦是如此。不要担心你此时此刻的付出得不到回报，因为这些付出都是为了扎根。人生需要储备，有多少人没能熬过那“三厘米”？

什么叫价值？举个例子，两根相同的竹子，一根被做成了笛子，一根被做成了晾衣杆。晾衣杆不服气地问笛子：“我们都生长在同一片竹林中，凭什么我现在天天日晒雨淋、不值一文，而你却价值千金、备受珍爱呢？”笛子回答说：“因为你只挨了一刀，而我却经历了千刀万剐、精雕细琢。”晾衣杆沉默了。

人生亦是如此，只有经得起打磨、耐得住寂寞、担得起责任、负得起使命，才有价值。目睹了别人的辉煌，不要嫉妒，因为别人比你付出得多。

钱穆曾说：“古往今来有大成就者，诀窍无他，都是能人肯下笨劲。”胡适也说：“这个世界上聪明人太多，肯下笨功夫的人太少，所以成功者只是少数人。”

说起钱锺书的满腹经纶，人们往往将之归因于他的天分高、记性好，其实，钱锺书渊博的学问，更多是来自其后天手不释卷的苦功。其大学同学许振德曾这样描述他：“在校时，（钱锺书）以一周读中文经典、一周阅欧美名著交互行之，四年如一日。每赴图书馆借书还书，必怀抱五六巨册，且奔且驰。且阅毕一册，必作札记……”

代表钱锺书学术成就的《管锥编》，旁征博引、海涵地负、汪洋恣肆，为世人惊叹，可他的治学心得却不过是“越是聪明人，越要懂得下笨功夫”。

“心心在一艺，其艺必工；心心在一职，其职必举。”成长不是一蹴而就的，哪有什么人生“开挂”，只不过是厚积薄发。

三

蝉的幼虫要先在阴暗的地下生活三四年（美国有一种蝉，幼虫要在地下生活十几年），忍受漫长的孤独，依靠树根中的水分一点点长大；然后在夏日的一个夜晚悄悄爬上树枝，一夜之间完成蜕变；最后在太阳升起的那一刻飞向天空，拥抱自由。这就是“金蝉定律”。

越接近成功，事情往往进展得越缓慢艰难，也就越需要我们坚持不懈。我们之所以会与成功失之交臂，通常情况下，不是因为我们欠缺能力，而是因为我们没能坚持下去。要知道，只有量的积累，才会有质的飞跃。

中国有句老话："行百里者半九十。"意谓要走一百里路，走完九十里才算走了一半，因为很多人在这时选择了放弃。而"金蝉定律"就告诉我们，拼到最后，拼的不是聪明和运气，而是毅力。

无论是"荷花定律""竹子定律"还是"金蝉定律"，它们都有相同的寓意：成功，需要厚积薄发，需要坚持不懈，需要我们忍得住煎熬、耐得住寂寞。

这，就是成功的秘诀。

24 如何更好地利用网络提升自我

在当今时代，互联网已渗透进人们的日常生活，手机更是成了人们须臾不可离的伙伴。这是人类社会的一大进步。

不可否认，互联网的确为我们探索未知、提升自己提供了海量资源，“知乎”“果壳”“豆瓣”“站酷”“喜马拉雅”……皆予取予求，为我们的生活与学习提供了诸多便利。

社会学家认为，人类社会的进步其实具象地体现在人类对自己身体的“延伸”上——利用洗衣机“延伸”了自己的手，利用汽车“延伸”了自己的脚，利用望远镜“延伸”了自己的眼，利用电话“延伸”了自己的耳和嘴。

而互联网的使用，本质上是人类对自己思维的“延伸”。利用互联网对思维能力进行提升，也是符合人类社会实际情况的。

但就目前来看，网络学习还存在着诸多问题。铺天盖地、五花八门的信息会极大地侵占、遮蔽我们的视域，干扰我们的注意力与判断力，甚至让我们迷失、上瘾。

信息专家约翰·奈斯比特曾说：“我们简直要在信息的海洋中

淹死，但终因缺乏知识而饿死。”互联网时代，信息和知识都在激增，但信息的增长速度依旧远超知识的增长速度。这就造成了两个问题：其一，我们从信息中筛选知识的成本越来越高，从网络上学习系统性知识的难度也越来越大；其二，“快餐知识”在提升了我们知识获取速度的同时，也弱化了我们知识加工的深度，使我们无法培养起过硬的思维能力。

虽然从某些方面来说，网络学习这一学习方式不如传统的学习方式那么稳妥高效，但只要运用得当，其积极作用还是不容小觑的。那么，我们怎样才能更好地适应网络学习呢？

首先，要有正确的学习方法。如果没有正确的学习方法，而只是单纯通过网络学习知识，那么完整的知识体系就难以真正形成，深度加工知识的能力也会随之减退。

我们可以先从自己急需的技能学起，因为学习是需要结果反馈的，不管学什么，都要在实际操练中落实巩固。如学习制作 PPT，学完了，你就要尽快尝试着做一下，看自己掌握得怎样、还有什么问题——这就是及时反馈。有及时反馈的学习才是有效的学习。

其次，弄清自己到底想学什么与自己对这一领域的认知水平。只有明确了目标与差距，我们才能找到正确的学习路径；之后，我们再沿着这条路脚踏实地地前行，找资料、找老师、找同学，及时获取反馈，以求构建完整的知识体系、锻炼深度加工知识的能力，并使互联网为我所用。

学习是一项复杂的智力活动，有很多方法和技巧。讲究方法的人，学起来会事半功倍；而不讲究方法的人，学起来就像钝斧头砍柴，虽然费了很大力气，却依旧收效甚微。

《走出思维的误区》一书将我们对知识的涉猎称为“海绵式学习”。顾名思义，这种形式的学习就像海绵吸水，持续不断且不加拣择——这相当于把人脑变成了电脑，只要遇到信息，就不加筛选地全盘接收。这种学习方式虽然有助于知识的积累，却无法使我们对其进行有效利用。

与此同时，《走出思维的误区》还介绍了另一种学习方式——“淘金式学习”，即学习就像披沙拣金，要在甄别辨析中探求真知。“淘金式学习”需要学习者具备问题意识与主体意识，善于吸收、选择、对话、建构。

“海绵式学习”和“淘金式学习”完全可以并行不悖、相辅相成，而“做笔记”这一学习方式，其实就是“海绵式学习”与“淘金式学习”的结合。在做笔记的过程中，我们能学会如何筛选有价值的信息、如何对知识进行深度加工以增强其条理性，从而慢慢培养出辩证思维。

另外，就心理层面而言，做笔记还有助于提高我们的注意力。因为在做笔记时，我们需要对知识进行再加工和再理解，而这一过程能使我们的记忆得到强化。

互联网包罗万象且泥沙俱下，而人们的时间却是有限且宝贵的，所以大家要学会存优汰劣，使互联网真正为我所用。

第四话

做时间的朋友

在现代生活中，很多人都被互联网与手机软件“驯化”了，

却很少有人能将其转化为学习工具。

在沉湎娱乐的同时，大量时间被碎片化，

人们自己也被碎片化。

只有足够强大的人，才能够跳出时间设置的陷阱，

成为时间的朋友。

时间

时间是一只蝴蝶
想去捉它
它已经飞走了

时间是一条游鱼
想去捕它
它已经游开了

时间是一道彩虹
想去摸它
它已经消失了

时间是一团薄雾
想去碰它
它已经散开了

但是

时间是有脚的

只要紧随它的步伐

定能寻到一条光明大路

25 做时间的朋友

在这个世界上，时间是人们最公正的朋友。太阳永不停歇地升起落下，昼夜亘古不变地交替出现，一天永远是二十四个小时，不会多给任何人哪怕是一秒钟。

时间这个朋友每天都陪伴在你身边，你想拼命抓住它，它却总是从你指间悄然滑过。朱自清先生在他的《匆匆》中形象地描述了这种感觉："洗手的时候，日子从水盆里过去；吃饭的时候，日子从饭碗里过去；默默时，便从凝然的双眼前过去；我觉察他去得匆匆了，伸出手遮挽时，他又从遮挽的手边过去；天黑时，我躺在床上，他便伶伶俐俐地从我身上跨过，从我脚边飞走了；等我睁开眼和太阳再见，这算又溜走了一日；我掩着面叹息，但是新来的日子的影儿又开始在叹息里闪过了。"

在朱先生眼里，时间"像针尖上一滴水滴在大海里"，日子"滴在时间的流里，没有声音，也没有影子"，让人不禁"头涔涔而泪潸潸"。

德国作家席勒曾说，时间的步伐有三种，分别是未来姗姗来迟、现在像箭一般飞逝、过去永远静止不动。

过去不可改变，未来不可预期，只有现在还属于自己，但也即刻就成为过去的延续。

或许你会觉得，时间明明很充裕啊——一天的时间格外长，太阳亮得晃眼，时间可以被大把地抓在手里，供你发呆、空想、打游戏。

可是，当你步入社会，面对思想成熟的同龄人，听他们侃侃而谈时，你就会觉得自己已被排挤到了时代的边缘。

时间这位智者朋友，总是在验证一个深刻的哲理：当这个时代抛弃你的时候，它连一句“再见”都不会说。

人工智能时代的到来，更新了我们的生活方式，也为我们挖出了很多“黑洞”，吞噬了我们大量宝贵的时间与精力。

网络平台上的各种短视频及游戏，消磨着人们的时间，使人们沉溺其中而不自知。只要你打开它，无形而又强大的算法便开始启动，敏锐地捕捉你的兴趣点，之后就不厌其烦地反复推送、试探，直到你成为它的忠实看客。

在现代生活中，很多人都被互联网与手机软件“驯化”了，却很少有人能将其转化为学习工具。在沉湎娱乐的同时，大量时间被碎片化，人们自己也被碎片化。

怎样才能在流逝的岁月中，收获更多来自时间的馈赠而非徒然的悔恨，真正做时间的朋友呢？

立足当下，趁时间现在还属于自己，做好当下的事情，为目标坚持不懈，你就能成为时间的朋友。这种行为模式叫作“长期主义”，只有持这种行为模式的人，才能成为时间的朋友。

在这一方面，巴菲特可谓典范。他儿时学习并不好，其父亲总为他的学习成绩而头疼，但他很早就找到了自己最感兴趣的事——股票投资。他从八岁起就开始阅读相关书籍，十一岁时买了人生中的第一支股票，成年后更是选择了投资作为终身职业。对此，他说："我只是在做自己这辈子最喜欢做的事。"

"长期主义"不仅意味着你要坚持去做你想做的事情，而且需要你在这一过程中全力以赴、心无旁骛——因为一旦中断，就会前功尽弃。

如果我们能寻到自己真正感兴趣的事，每天全身心地为之付出，那么时间就会成为我们的朋友。与之相反，如果你不知道自己的兴趣是什么，无法把注意力集中到任何事上，做什么事都无法全身心地投入，那么时间对你就不会那么友好。

时间异常珍贵，让我们充分利用它，多做一些有助于自己成长的事，哪怕依旧平凡一生，也至少能在回首往事时无愧无悔。

努力成为时间的朋友，与时间携手同行吧，相信它必会回馈你一个更好的自己。

26 如何让你的时间有价值

为什么有的人看起来闲适悠然，却能在单位时间内完成更多的事情？为什么有的人每天忙得像陀螺打转，却总是东一榔头西一棒槌，把很多事情做得马马虎虎？让我们看一则事例：

某位同学十分珍惜时间，每天晚上都刻苦学习到深夜零点才上床睡觉，第二天早上六点多起床，不吃早饭就赶往学校。这天上午的五节课门门是主科，让人精力消耗很大，但这位同学分秒必争，哪怕是课间十分钟，也依旧奋笔疾书，做各类习题。

由于没吃早饭，他在第三节课后就饿得肚子咕咕直叫，但又不忍心“浪费”时间去学校的小卖部买面包，只好忍着。第五节课的下课铃一响，这位同学就飞奔到食堂，仅用了十分钟就狼吞虎咽地吃完午饭——中午的大好时光怎可浪费？学！

下午的第一节课上，这位同学困得神志不清，第二节课更是睁不开眼，第三节课是考试，他只能硬着头皮做。直到放学，困劲儿才过去，他回到家中吃晚饭、写作业、看课件……不知不觉，又到了深夜零点。在完成了所有的学习任务后，他长舒一口气，烂泥似的瘫在了床上……

通过这则事例，我们可以明白，这位同学虽然分秒必争地努力学习，但由于没有科学地安排时间，故而疲于奔命、晕头转向，变成一个“忙盲茫”。

如何让有限的时间尽可能多地发挥价值是一门学问，值得大家思考和研究。我在这里给大家提几个小建议：

第一，尊重自己的生物钟。由于生理条件、生活环境、生活习惯等因素的差异，人们的生活节奏也往往不同。有的人学习的最佳时段是上午，有的人是下午，还有的人觉得晚上学习效率最高。在明确了自己的最佳学习时段之后，我们就可以依据它来安排自己的作息。记住，将最重要的事放在你效率最高的时段去做，你就会获得事半功倍的效果。

第二，现在就做。许多人习惯于“等候好情绪”，即花费很多时间来使自己“进入状态”，却不知“状态”是“干”出来的，不是“等”出来的。最佳时机是需要及时把握的，请记住，“手中的鸟”比“林中的鸟”更重要。

第三，用黄金时间来记忆。在记忆效果最佳的时段进行记忆性学习，有助于提高你的学习效率。一般而言，早上六点至七点，是一个人头脑最清醒、记忆效率最高的时段。对于学生而言，上午、下午都有课程，学习比较紧张，故而中午休息三十至五十分钟是有必要的，这可以缓解我们的疲劳，使我们下午有充沛的精力继续学习。另外，每天如果不能保证七至八小时的睡眠，人的记忆效率也会降低。

第四，早起早睡，合理膳食。早饭必须吃，因为它可以帮助你维持血糖平衡。上午可以吃点水果，这既可以缓解血糖下降所带来的疲劳，也有助于补充维生素 C。午饭要在保证摄入足量碳水化合物的基础上多吃一些蔬菜与豆制品。晚饭可以少吃点，因为吃得太多会导致血糖升高、增加消化系统的负担，进而影响睡眠。晚上十点左右，可以洗个热水澡，这样有助于放松和睡眠。另外，尽量在晚上十一点之前就寝，以保证第二天精力与体力的恢复。

第五，学习要有时间限定。为了提高学习效率，在制订学习计划时，我们要适当地给自己施加些“压力”，如对每一门功课的预习和复习，我们要做到“三个限定”，即限定时间、限定速度、限定准确率。这种目标明确、压力适中的学习方法，能使我们的注意力高度集中、学习效率得到提高。

第六，集腋成裘，用好零碎时间。零碎时间往往可以帮大忙，如走读的同学，在等车时可以考虑一下当天的日程，翻翻记事本，默背一篇课文或几个单词；而住校的同学，在晚上睡觉前可以想想明天有哪些要紧的事，在晚自习前则可以用几分钟默写一首古诗。

第七，掌握一些让时间增值的方法。比如，你可以利用便条、备忘录、记事本等，记录下需要重点处理的事情；也可以借助日程表，具体规划学习任务、做好时间分配；同时可以设定短期、中期和长期的学习目标，区分轻重缓急，明确重心所在。法无定法，只要是适合自己、对自己有效的，就是好方法，当然，这需要我们自己不断地尝试和实践。

学会让时间增值，你就能在日常生活、学习与工作中张弛有度、从容不迫，并能获取好成效、好业绩。

请记住，你与别人拼的不是投入了多少时间，而是如何让时间更有价值。

27 别让“垃圾快乐”毁了你的人生

很多人都有过这样的经历：

本想刷一会儿手机就去睡觉或者读书，结果手指一动，就再也停不下来了——看看“朋友圈”的消息，看看微博上的“热搜”，玩玩小游戏，看看短视频……不知不觉中，时间已经过去了很久，懊悔、自责瞬间涌上心头，可即便再追悔，也已于事无补。

其实，过度沉迷于刷微博、玩游戏、看视频，最终收获的也只是“垃圾快乐”，虽然为我们带来了短暂的快感，却极易让我们丧失自控力、荒废大把时间。

长期沉湎于“垃圾快乐”，不仅有损身体健康，还会消磨意志，让一个人走上人生的下坡路。我给大家讲个真实的故事：

以前，小k傍晚下班后总喜欢约上几个好友吃顿饭、看场电影，每天晚上睡前也要看一会儿书。第二天到单位后，她会跟同事们分享她昨天读书或观影的心得，眼睛里闪烁着欢悦的光。

但近期，小 k 渐渐变得有些不一样了。她不再跟大家分享她看的书与电影，上班还经常迟到，整个人都没有了以前的好气色，天天一副萎靡不振的样子。

原来，小 k 最近迷恋上了一款游戏，一发不可收拾。她时常一口气玩到深夜，第二天困得起不来床，瘾最大的时候，连吃饭时都在玩。

大家劝小 k 别太沉迷，可她总是不以为然地说："生活这么苦，总要找点乐子，缓解一下压力。"

直到有一天，部门领导因小 k 的连续迟到而气得扣了她整个季度的奖金，小 k 才意识到，自己的生活已经被这所谓的"乐子"搅得一团糟。

"垃圾快乐"默不作声地让你慢慢上瘾，在一层"快乐"的糖衣下，你也许会有须臾甜蜜的错觉，但久而久之，你就会尝到它所带来的苦。

"垃圾快乐"究竟因何产生呢？在心理学上，有这样一种说法：反馈时间越短的事，越容易给人带来快感。你玩一会儿游戏，马上就能获得快感；看一个搞笑短视频，马上就能哈哈大笑。情绪上的快感，让人忍不住沉迷——那么令人舒服的事，谁愿意舍弃呢？

反之，对那些反馈时间比较长、获取快感的难度比较大的事情，我们通常会感到厌烦，难以持之以恒。比如，想要有好身材，就必须抵制高热量美食的诱惑，坚持做枯燥的运动。学习、读书亦如此，一两个小时的学习并不会让你成为学识渊博的人，学养需要日复一日的积累，于不知不觉中沉淀在你的气质、谈吐中。

罗马不是一天建成的，那些真正美好的事物亦不是唾手可得的。我一直相信，让你走得过于舒服的路，都是下坡路。所谓的自由，不是想要什么就能得到什么，而应像卢梭所说的“无往不在枷锁之中”。

你想有多大的收获，就要有多大的付出。你所沉迷的“垃圾快乐”，最终可能会毁掉你自己。“生于忧患，死于安乐”，充满挑战与困难的环境才能让人变得更加强大。

毛姆说过这样一句话：“为了使灵魂宁静，一个人每天要做两件他不喜欢的事。”要想变得更加自律、在人生之路上走得更远，你就必须一次次地突破自己。

做自己不喜欢的、不“轻松”的事并为之坚持不懈，你会发现，原来真正的快乐并不是简简单单的嘻嘻哈哈。

真正的快乐，是你翻过一座座高山，气喘吁吁，汗流浃背，最后用知识将灵魂填满，获得真正的充实感和满足感。

你在学生时代的生活方式，往往决定了你后半生的“打开方式”。不可否认，生活有时的确很苦，需要我们用一些简单的快乐来调剂，但我们切勿对其上瘾，切勿在其上面浪费大把大把的时间。

有的人的快乐，来源于读书、旅行、健身，慢慢地充实自己、提升灵魂。有的人的快乐，则是赖在床上，吃吃炸鸡喝喝奶茶，刷刷微博打打游戏，渐渐地丧失意志、沦于庸碌。

你的时间花在哪儿，决定了你会成为什么样的人。种什么样的因，就结什么样的果。拉开你与他人之间距离的，是你对闲暇时间的处置方式。

年轻的朋友，请从“垃圾快乐”中解脱出来，不负韶华，成就自己，书写生命的精彩华章！

28 你是时间的朋友吗

忽然想起臧克家先生纪念鲁迅先生的诗《有的人》，便也模仿着写了一段慨叹时间的文句：

有的人，活了一辈子，就是一辈子；
有的人，活了一辈子，却相当于别人活了好几辈子。
有的人，年老的时候，对着膝下的孙子孙女念念叨叨地讲着书中或旁人的故事；
有的人，他自己的故事就精彩纷呈，讲也讲不完……
这可能就是会不会与时间交朋友的结果吧。

你是时间的朋友吗？如果还不是，那也没关系，只要能找准方向、不断努力、坚持付出，总有一天，你会成为时间的朋友。

怎样才能成为时间的朋友呢？把每天的日程明确地记录在本子上，心无旁骛、循序渐进地逐一落实，问问自己是时间的朋友还是奴隶。

或许，大家觉得，管理时间是那些忙得不可开交的成功人士做的事，自己为何不把时间花在让自己更加惬意的事情上？难道享受一下、放松一下不是合情合理的吗？难道我们不该为自己的心而活吗？

可我们又常常困惑，那些被我们“享受”过的时间，为何没在我们的脑海中留下印记？大家一定有过这样的感受——越是无所事事，越觉疲惫，特别是在事后回想的时候，你会有驱之不尽的“罪恶感”。那些能够给我们带来短暂愉悦的事物，往往会悄悄排挤掉对我们更有价值的事物，并极易在我们的意志中占据上风。

过于从心所欲而不加检束，即使走错了路，我们也茫然不知。我们以前用来打发时间的很多方式，或许都不是最合宜的。

人活着是为了什么呢？为了对得起这只走一遭的人生，将有限的人生过得更有层次、更有深度、更有意义、更有价值，减少“能为而无为”的遗憾。

你身边一定有这样的人：他们需要处理的事情繁多而棘手，但他们依旧能平衡生活与工作之间的关系；他从不手忙脚乱，甚至有时还能闲庭信步。他们是怎么做到的？

审视一下他们的行走轨迹，或许我们能领悟到如何做时间的朋友：

第一，合理地培养兴趣。都说“兴趣是最好的老师”，很多人也因这句话而陷入寻找兴趣的执着中。其实，兴趣的培养对于大多数人来说非常简单——只要专注地做好眼前的事，兴趣也就容易被激发出来了。

第二，坚持不懈。很多人为了在短时间内变为成功人士，会竭力寻找各种方法，虽然找到的方法也不少，但由于没有坚持下去，所以最终还是一事无成。鉴于此，请你暂停寻觅的脚步，厘清思路，弄清哪种方法是最有效的，然后再坚定不移地付诸行动，那么我相信你最终必有所成。

第三，正确地对待痛苦，养成记录痛苦的习惯。遗忘那些只能产生负能量的痛苦，尽快从其泥沼中挣脱出来，同时记住那些能给自己带来经验、使自己成长的痛苦。

第四，掌握正确的“比较”方式。愚蠢的比较方式是拿自己与他人比较，而正确的比较方式则是拿自己与自己比较。今天的自己要比昨天的自己更好，明天的自己要比今天的自己更好。

第五，通过勤奋收获好运。好运来源于长期的努力，而你勤奋的程度也影响着好运的多寡。

第六，凭借更好的自己赢得更多的人脉。在你变得强大之后，人脉会主动找上门来的，所以我们要专注于提升自己而非一门心思地钻营。

第七，从鼓励他人中受益。经常给予他人鼓励的人会慢慢获得一个意想不到的结果，那就是成为一个不需要他人鼓励就能把事情做好的人——有自己的想法，并能果断地采取行动。

第八，善于做出正确的选择，提高办事效率。学会取舍，明白“鱼与熊掌不可兼得”，选择对自己来说最重要的事情去做，办事效率就会有所提升。

总而言之，把你的生活充实起来，让自己从身体力行中获益，久而久之，时间定会成为你的朋友！

29 休息的智慧

全国政协常务委员兼副秘书长、民进中央副主席、“新教育实验”发起人朱永新先生是一个活力四射的人，每天似乎都有用不完的时间——写作、讲课、读书、参加各种会议。他把自己每天的时间分割得很精细，一分一秒都不浪费。在人大、政协履职十年，他写出了多部著作，按时完成新教育年度报告，参与指导并编写了若干教材，参加了大量的学术讲座与培训活动；不仅如此，他还身体健康、精力充沛。

很多人会疑惑：为什么在同等时间里，他能做这么多事呢？他不需要休息吗？是铁人吗？

朱先生的回答很简单：“做不同的事，就是休息呀！”

我们通常以为，休息就是睡觉或娱乐，但不知你有没有这样的感受：拼命学了一上午，感觉好累，于是睡了整整一下午，可最终换来的却是晚上的头痛不已和彻夜难眠。

可见，正确的休息方式根本不是疯狂地睡大觉或玩耍，而是换副思维去做别的事情。跑步累了，就动动脑子，背背单词或写写文章；脑子疲了，就弹弹琴或练练字；眼睛难受了，就闭上眼睛听听音乐；坐久了，就散散步舒展一下筋骨……

很多时候，你觉得很累很困，打不起精神去做事，其实并非因为你精力不够了，而是因为你没有合理地利用时间。可想而知，整宿整宿地看电视剧、玩手机，会给我们造成什么负面影响。

我们的时间是如此宝贵，所以我们要像朱永新先生一样合理规划时间。在休息时，不要一味地蒙头大睡，而要去调整状态、转换思维。朱先生每当工作累了，便出去散散步；稿子看累了，就写写微博。

所谓的休息，不过是为生活另外添加一些作料，让它变得更有滋味而已。很多人长跑坚持不下去，是因为他们忽略了沿途的风景，耳畔只有沉重的脚步声——那就是负担了。

科学家曾有所验证：一个人注意力持续集中的时长也就15分钟左右，如果我们强迫自己坚持一下，虽然也会延长一些时间，但事情就会变得毫无趣味。可如果我们转换一下思维、调整一下注意力，那么坚持下去也就没那么困难了。

一个天天在家睡懒觉的人，永远不会知道跑步机上的人有另一种幸福。跑着的人，能感受到世界是动着的，能感受到舒展筋骨所带来的快意。

正能量和安全感不是别人赐予的，而是我们自己赋予自己的。那些每天精力充沛的人，并非天生就与别人不一样，而是因为他们热爱生活、珍惜时间，始终以一颗求知、求新的心对待这个世界。

亲爱的孩子们，请好好领悟休息的智慧，不要将宝贵的青春蹉跎在无益的玩乐与懒觉上。

30 / 弯弯路上有风景

北京大兴国际机场惊艳了世人，不仅是因为它有着恢宏的气势，蕴含着绿色环保的理念与现代科技感，还因为它是由著名的女建筑师扎哈·哈迪德用自然、圆润的曲线缔造而成的，透露出丰盈的人情味和强烈的流动感。

人们在追求理想的过程中，往往喜欢走直线，因为它简短而便捷。“两点之间，线段最短”，而线段就是直线的组成部分。

有些人的一生非常幸运，他们走的是直线，会遇到指路高人，告诉他这条路应怎样走、那条路会通向何方，使其节省了很多时间与精力。

但这样的人最终往往是平庸的，他这辈子虽不会犯大错，但也不会太出彩。真正的成功者，都是那些历尽艰难险阻、画出曲折却迷人的生命轨迹的人。

命运是顽皮的，喜欢跟你做游戏或搞恶作剧，费尽心思地让你绕道走、兜圈子。但其实，这才是真实的人生。

乔丹曾说：“如果不打两年棒球，我永远都不知道自己是这么热爱篮球。”一语道破天机：一路顺风顺水，虽然省力，但也会错失那些令人兴奋的未知。一些路，你只有走过了、走错了、走进死胡同里了，你才知道它们是不能走的。生活与速度无关，却与沿途的风景、相伴的人、旅途中的心情息息相关。虽然你走错了路，但你看到了别人看不到的风景，结识了很可能与你擦肩而过的人，收获了意想不到的喜悦。

人这一生中，不存在白活的日子。不经历一些曲折，我们就永远不能真正了解自己——不知道自己热爱什么，不知道自己的潜力有多大。不经历一些事情，到年老的时候，我们一定会为那些空白的日子怅憾。

没有哪条路是白走的，没有哪件事是白做的。两点之间虽是线段最短，但最美的或许是曲线。曲线灵动多变，它所具有的神秘性与艺术性，使其无论在景观设计中还是人生历程中，都扮演着举足轻重的角色。

我们生命中的每一段插曲都有其特殊意义，关键是我们要弄清它们给予了我们何种馈赠。该经历的磨难一定要经历，该走的弯路一定要走，否则你就会错过一些美丽而珍贵的风景。

不要抱怨走了错路、做了错事、浪费了时间，而应该明白，这些失误都是成长的基石。只有走错了路，才能明确自己想要抵达的终点；只有交错了朋友，才能领悟“路遥知马力，日久见人心”。

弯弯路上有风景，请你一路欣赏，且歌且行，曲直结合，画出人生美丽的轨迹。

31 别让手机偷走了你的梦想

当前，不少人都沉迷于手机而不能自拔，所以，如何科学地使用手机、让手机成为服务人们的助手，便成了一个值得思考与探讨的问题。

德国著名脑科学家、哈佛大学客座教授曼弗雷德·施皮茨尔的力作《数字痴呆化：数字化的社会如何扼杀现代人的脑力》让我们看到，上述问题已成为世界性难题。施皮茨尔教授在认真对比、分析后发现：当今孩子多动易怒、提笔忘字、做题粗心、记忆力差、词不达意、协调性差、自私孤僻等问题，都比以往的孩子严重得多。作为著名学者，施皮茨尔教授看得更远，他看到的是“数字痴呆化”对一个人一生的影响。他认为沉溺于电子产品和网络的人在学生阶段会出现学习障碍和自我管理方面的问题，而到了中年、晚年，则更易遭遇失业、抑郁甚至早亡等人生不幸。

在信息时代，网络是一把双刃剑，用好了是良师益友，助你成长，用不好就是邪佞恶魔，让你堕落。

过度沉迷于网络与电子产品，对人的身心危害极大。从网上获取的知识，往往是碎片化的，而碎片化的知识既不足以解决实际问题，也不能助你培植出深刻的思想。

那么思想从哪里来？

真正的思想，来源于学习过程中的严肃思考和不懈努力。

学生的天职就是学习。要学习，就要学会忍耐、学会放弃、学会付出——这不仅是学习的前提，也是人生的修炼。在这个“有问题，百度一下”的年代，大家更应清醒地认识到：乔布斯靠“百度一下”，缔造不了“苹果”；屠呦呦靠“百度一下”，摘不到诺贝尔奖。专注学习、自主自律，才是获得成功的硬道理。

真正的思想，来源于远大的理想。

人是需要理想的，理想是指引人生航船的灯塔，没有理想的人会迷失在人生的海面上，浑浑噩噩，得过且过，随波逐流，一事无成。所以，每个人都要靠拼搏和汗水来拥抱自己的理想——这是手机办不到的。

真正的思想，来源于一群“志于道”者的思想碰撞。

“独学而无友，则孤陋而寡闻”“三人行，必有我师焉”，一个人独行，虽能走得很快，但一群人结伴而行，才能走得更远。同学间的友谊弥足珍贵，但“摇一摇”“扫一扫”中没有“益者三友”，而真正的友情，也绝不是靠凑在一起玩“王者荣耀”“绝地求生”等电子游戏就能培养起来的。当然，真正的思想者还必须学会享受孤独，既要有热烈的情感，又要有清明的理智，唯其如此，才能在碎片化的喧嚣世界中找到属于自己的一方天地。

施皮茨尔教授在其《博士与书》一文中忧心忡忡地写道：“我很

害怕以后的世界将会是一个可怕的两极分化的世界，一小批四肢发达、头脑复杂、家世富有、出身名校的超级精英，像圈养肥猪一样，统治一大群懒惰肥胖、肢体孱弱、沉溺在虚拟世界里空虚度日的麻木御宅族。只要精英们乐意，随时让大家变‘炮灰’。”

亲爱的孩子，你，愿意被“圈养”吗？你，甘当“炮灰”吗？

今天，我们每个人都生活在数字化时代中，所以如果弄清了什么东西对自己来说最重要，那么我们就既能享有数字化时代带来的机遇，又能规避其带来的危害。

32 为什么会有拖延症

在日常生活中，我们经常会遇到这种情况：

在寒暑假即将到来时，我们总有很多美妙的计划，如买了许多书，想象着自己每天都能读一些，使自己的学养得到提升；再如下定决心，一定要利用假期，把薄弱的学科补上，在开学后的考试中取得优异的成绩，让老师刮目相看……然而，现实总是那么“骨感”——买回家的书，往往就原封不动地摞在那里，能够读上一本半本，就已谢天谢地；而想把薄弱科目补好的“愿望”也还有如镜花水月。

长大以后工作了，你拿出了周末一天的时间，安排好了下一周的任务，但当下周周末的夜幕降落时，你再回看自己的工作计划，却往往发现自己完成的任务还不及计划中的一半。

我们一直在成长，人格也日臻完善，但一些坏习惯却并没有得到改正。如拖延，我们已将其视为“病症”——它有极强的顽固性，所带来的短暂的、简单的快感也让我们欲罢不能。当我们意识到明天就是“最后期限”时，就只能采取透支自己身体的补救措施去完成那些迫在眉睫的任务。久而久之，这种行为模式成了我们的痼疾，羁绊着我们的生活。

据一项以近500人为样本的调查显示，大概有75%的人，认为自己有一定程度的拖延症，有将近一半的人，觉得时间在不知不觉中就不够用了。

这一调查使我们发现，拖延已成为当今时代中人们的通病，成为阻碍我们成长、发展的罪魁。

要做的事那么多，可我们为什么还总喜欢拖延呢？只有知其病灶所在，我们才能有效地对症下药。

感性与理性的矛盾，使我们有时不能克制自己

柏拉图曾说："人类的头脑中有一位理性的御车人，必须驾驭一匹桀骜不驯的马，只有用马鞭抽它、用马刺刺它，才能使它就范。"这句话揭示了人类知觉中理性与感性的关系。

人的意识和行为，受理性和感性支配。感性是凭借感官认知的、基本由个人感情决定的，属于天性本能，能够使人对事物产生某种情绪，如痛苦或快乐；理性是人在正常思维状态下，为获得预期的结果而冷静地面对现状，制定出可行方案并付诸实施的能力。

美国著名社会心理学家乔纳森·海特在其著作《象与骑象人》中对人类理性与感性的关系做了形象的类比与阐述。他将我们的感性比作"大象"，而将理性比作"骑象人"。骑象人懂得分析，知道思虑，会对大象下达命令；而人们的感性（"大象"），能量更为强大，而且难受束缚，故而时常脱离"骑象人"的掌控。如果"大象”和“骑象人”对前行的方向有不一致的看法，那么“骑象人”就往往束手无策。

这就是感性与理性的矛盾——一者渴望及时享乐，一者懂得克制自己。很多人喜欢制订计划，是为了满足“骑象人”（理性）的意愿，他在制订计划时所获的满足感远大于执行计划时的；而想要说服“大象”（感性）执行计划，也是有一定难度的。

虚假疲劳感，使我们总想放弃

你若经常长跑，就可能会有这样的体验：你觉得自己已经跑得很累了、快要吃不消了，并且脑海里也不断回响着“我跑不动了”的声音，但是一想到离终点越来越近，就还是决定咬牙坚持下去。

为什么会出现这种现象呢？是因为大脑会对人体产生一种保护性反应。生理学家将我们在运动中首次感受到的疲劳称为“虚假疲劳感”，开普敦大学教授蒂莫西·诺克斯认为，人们在运动中第一次感到疲劳，往往不是因为肌肉无法继续工作，而是因为大脑的过度保护机制发挥了作用。

我们在接触新事物时，起初往往容易退缩，这是因为我们对新事物的陌生感会让我们的大脑产生“疲劳感”，进而让我们裹足不前。我们常说“万事开头难”，原因之一就在于此。

我们做一件事，最容易放弃的时候往往就是刚着手做的时候，因为我们在此时会感到种种不适。实际上，这是大脑的过度保护机制在起作用。在这个时候，决定我们能否坚持下去的一个重要因素，就是我们对自己能力的认知。如果我们不够自信，那么我们就很容易放弃；而如果我们认为自己有能力坚持下去，那么我们就会在坚持的过程中慢慢消除虚假疲劳感，最终完成任务。

由此可知，当我们要完成一项学习任务时，这种虚假疲劳感就往往会成为我们的障碍，使我们犯拖延症。

生物的本能，使我们总想享乐

从生物学的角度看，趋易避难、好逸恶劳是人的本能。在我们学习或工作时，我们大脑中的生物本能会一直诱导我们拿起手机聊天、打开电脑玩游戏，或者约朋友外出游玩。尤其是当我们遇到一点困难的时候，它对我们的诱惑会更强，使我们产生“逃避”的应激反应，进而让我们犯“拖延症”。这时，如果我们的理智不够强大，那么我们很快就会向生物本能“俯首称臣”。

一个人即便有所追求、不甘平庸，但若过度贪图本能享受，最终也会碌碌无为。

感觉适应，使我们失去动力源

我们面对一件事，最初往往充满了热情，但在做了一段时间之后，就会感到厌烦并丧失动力。这种心理现象即“感觉适应”，意味着当我们习惯于某种刺激后，我们的大脑对这一刺激的敏感性就会降低，“入芝兰之室，久而不闻其香；入鲍鱼之肆，久而不闻其臭”，阐释的就是这一原理。同时，这一心理现象也使我们在很多时候容易对一件事感到疲劳，或放弃，或拖延。

所以，总有一些人，一开始可能还一腔豪情，但第二天一早则又拖延症上身。这是因为他们已经习惯了这一心理变化过程——起初兴奋，逐渐麻木，以至于最后问自己："我说过要做这件事吗？"

大脑的决策路径较为固定，使我们难以改变

既然很多人都知道自己有拖延症，那为什么改正起来总是那么困难呢？这是因为大脑的决策路径相对固定，使人们不愿走陌生的路。

如果我们对一件事情的认知是正面的，那么大脑就会使我们产生积极的情绪，故而我们在做这件事时，会更加坚定、高效。很多科学家之所以没日没夜、废寝忘食地搞科研，往往就是因为他们对科研的正面认知使其对研究过程极为享受。反之，若让一个对科学毫无兴趣的人去钻研，那么这于他而言定是一种折磨。所以，不要诧异为何有的人能几天几夜地打游戏，对学习却只有三分钟热度。

我们在面对多种选择时，一般会倾向于那些清晰、简单的选项，而非模糊、复杂的。科学家之所以没日没夜地思考和研究，是因为他非常清楚自己想要什么，他的行动目标非常明确；而若让一个对科学毫无兴趣的人做研究，他自然弄不清目标何在，所以就会犯困或拖延。也就是说，如果没有足够明确的目标或指令，我们就很容易选择享乐而放弃坚持。

我们可能经常听闻一些名人说哪部小说改变了自己的价值观，但很少听到他们说哪些“鸡汤文”改变了自己的价值观。之所以这样，是因为小说往往能借系统性的内容，加深人们对某一事物的认知，在人脑中慢慢织出一张完整的记忆网络；而“鸡汤文”的内容则过于零碎，无法使人形成长久的、深刻的记忆，所以难以对人们的价值观产生影响。比如，你在读完一篇“鸡汤文”后，可能会被“念念不忘，必有回响”这句话触动，心血来潮地想要发愤图强，但一旦面对艰巨的学习任务，你可能就会立刻打退堂鼓——因为你对学习依旧缺乏深度认知。

33 克服拖延症

《战胜拖延症》一书作者、加拿大心理学博士蒂莫西·A·皮切尔曾说过一句话："人人都会有拖延症。"

很多人，每一天都以不同的方式、在不同的时间拖延手中的事务。所以，要想使自己的学习或工作变得更加高效，我们就必须克服拖延症。但是，如果没有科学的指导和足够强大的动力，人们是很难克服拖延症的。

那么，怎样才能有效地克服拖延症呢？

从简单的地方做起，发挥"蝴蝶效应"

做一件事，先从最简单的地方入手，就是一种较为有效的方法。提出"舒适区"这一概念的发展心理学家阿拉斯代尔·怀特认为，一个人如果总待在自己熟悉的、舒适的区域，那么他是很难取得长足发展的，但若仓促地跳出"舒适区"，则又会感到诸多不适，而且很容易被"打回原形"。

做一件事，先从简单的地方入手，实际上是降低我们行动的门槛，抑制享乐欲望的萌生。例如，人们练习书法，如果从每天练好一个字开始循序渐进，那么就比较容易坚持下去。阿拉斯代尔认为，真正的成长大多发生在舒适区的边缘——当适应了这种较为和缓的变化后，人们也就更易接受“质变”了。

例如，“读完一本书”是一个大目标，如果你每天都记挂着这个目标，那么你心里肯定会产生抗拒感，而阅读也会变成一种负担；但如果你把这个大目标拆解成一个个小目标，如每天阅读一个章节或十几页，那么你读起来也就轻松多了。

不少商家就利用这一心理机制来培养消费者的消费习惯。如一些打车软件就往往通过“免费打车”或各种奖励活动，降低顾客线上约车的门槛，让顾客更乐于改变自己以前线下叫车的习惯。等顾客养成了线上叫车的习惯后，他们就开始削减奖励力度，而此时，顾客新的消费习惯已基本定型、巩固，所以即使没有奖励活动，他们也还是会继续使用这个软件。

同样，我们若想改掉拖延这个坏习惯，也可以采用这种简单而有效的办法，即当我们做一件复杂的事情时，我们要尽可能地降低行动的门槛，从简单的地方入手。

让进步看得见，让改变更有效

很多网络游戏都有升级模式，经常以醒目的、可被量化的进度条呈现，这种设计迎合了人们的心理需求——对确定性的追求。

所以，如果想要有效地克服拖延症，一个简单的办法就是在制订计划的时候，将相关的要求与进度尽可能地明确出来。例如读书这件事，虽然人们都明白它的益处，但依旧有很多人难以付诸行动。这时，你就需要把这个大目标分解为一个个更明确的小目标，根据自身的需求，拟定具体的书单，这样，你就可以有的放矢地进行阅读，开启求知之旅。

有效地进行重复，让新习惯取代旧习惯

东尼·博赞和巴利·博赞的畅销著作《思维导图》中有这样一段话："当你产生一个想法时，带有这个想法的神经通路中的生化电磁阻力就会减少一些，就像从林里清出一条小路一样。一开始非常费劲，但是随着你经过这条路的次数的增加，这条路也会开辟得越来越彻底，你所遇到的阻力也会慢慢变小。到最后，这条小路还会变得平坦而宽阔。"这段话基本阐释了"重复"对我们克服拖延症的意义。

但是，短时间内的大量重复并不能使我们有显著的改变，因为习惯的主要特征就是稳定性，所以重复也需"细水长流"。例如想要练习写作，我们就可以先从每天坚持写500字的短文着手。

完全消除一个坏习惯，其实比用一个好习惯代替它困难得多。对强迫性地咬手指甲的人的研究显示，要让他们完全放弃这一习惯非常困难，而让他们用更有益的习惯——修饰他们的指甲来替代咬指甲就容易得多。由此可知，要想改掉一个坏习惯，最好的办法就

是用一个好习惯来代替它。

建立自我监督机制，督促自己改变

当我们处于个人世界时，我们的行为往往更贴近自己的本能。例如疫情期间的居家学习，可能就不如在校学习效率高、效果好，这是因为我们在独自学习时，更容易走神或偷懒。由此看来，古人将“慎独”视为君子必备的品格与修养，是深有道理的。

心理学家诺曼·特里普利特通过研究自行车运动员的成绩，发现自行车运动员单独训练时的骑速要比与多个运动员一同训练时慢20%。

奥尔波特在他的《社会心理学》中，将这种现象称为“社会助长作用”，意谓在群体中，个体的行为效率有提高的倾向。

社会助长作用是一种监督机制，利用的是人类生而具有的社会性。例如，我们若独自待在某个地方读书，可能读不了多久就会走神，进而开始拖延；但若去图书馆，效果恐怕就大不相同。

因此，我们在治疗拖延症时，可以为自己寻求一些外界的监督，例如在锻炼身体时约上几个同伴，这样我们就不会偷懒了。

建立奖惩机制，形成条件反射

在一定程度上，每个人的心里都藏着一条“巴甫洛夫的狗”，使我们可以通过关联学习来习得某种行为。

上小学时，当我们在课堂上表现出色时，老师经常会拿印章在我们的课本上盖小红花作为奖励，而其他同学也会为此羡慕不已。这就是典型的关联学习，即以小红花为刺激，让我们形成“只要表现出色就能获得奖励”的反射。

在时间管理上，有一个“帕金森定律”，即时间越充裕，人们做事反而越拖沓，对“潜在的惩罚”也越漠然。

鉴于此，我们在做事之前，不妨给自己设定一个期限，若自己在规定期限内完成了任务，就奖励一下自己，如看一部电影、玩一局游戏等；若自己没能按时完成任务，就惩罚自己去操场跑一圈或干些体力活儿。

当然，每个人都可以根据自己的实际情况来制定具体的奖惩标准，但无论怎样，奖惩标准一旦确立，我们就要严格遵守，以免使其丧失约束力。

选择适宜的环境，提高学习效率

当我们身处嘈杂的环境中时，我们的思绪也容易变得混乱。当我们身处卫生条件极差的环境中时，我们往往就会心安理得地往地上乱扔垃圾。同样，当我们身边都是有拖延症的人时，我们也容易被他们同化。

想让自己有效地战胜拖延症，我们其实可以通过改变周围环境的方法来实现，因为不同的环境会让我们产生不同的“心理唤醒”。

比如，当我们在家中学习时，我们总会下意识地拿起手机来玩，效率肯定远不如我们在教室或图书馆里学习的效率高。这是因为在我们一贯的认知中，家是放松身心的地方。所以，如果想让自己的学习效率有所提升，我们就要尽量到适合学习的环境中去。

另外，我们要尽量保持环境的整洁，因为过于杂乱的环境容易给我们的视觉造成干扰，进而使我们产生烦躁情绪。

34 治疗拖延症的辅助方法

根据拖延症的特点，制定相关的治疗方案，虽未必能根除拖延症，但至少能把这种病症的负面影响降到最低。这里，我再给大家提供一些治疗拖延症的辅助方法：

给自己制定一个“拖延列表”

依据轻重缓急之别，将事务进行归类，然后以此为依据，制定一个“拖延列表”，明确哪些事情可以略微放慢进度、哪些事情最好尽快处理。当你有了一个清晰的“拖延列表”后，你就能够合理地安排工作，做到循序渐进，而不是每件事都陷于停滞，到头来一事无成。

例如，对于大多数人来说，洗碗和写作这两件事，后者的难度明显要高，所以你如果一开始就苦思冥想着怎么下笔，则不仅会花费很多时间，而且也会把洗碗这件事耽误了。

但有了“拖延列表”，你就可以先完成洗碗这件相对容易的事，再去考虑写作一事，而你的“拖延列表”上，也会减少一条“待办事项”了。

把想拖延的事务列入表格、进行对比，你就能更清楚地知道先去做哪些事更划算、更便捷了。

考虑拖延的后果

我们之所以对很多事拖着不做，主要是因为做与不做的结果貌似没有明显的差别。例如你读十本书和你从来不读书，于你生活的影响，似乎没有什么不同。所以在很多时候，我们就是抱着这样的心态一直拖延下去——反正做与不做都是一个样。

要想改变这一心态，我们就要给自己增加一些“焦虑感”。在审视问题的时候，不妨把眼光放得长远些——在你长期荒废学业后，你会落得一个怎样的结果呢？你的生活会更加糟糕吗？在想清楚了后果之后，行动便往往是你的最佳选择了。

设定做事的时间

缺失了时间上的限制，我们很容易会“无限期”地拖延下去，这就是心理学上所谓的“时间贴现”，即获得收益的时间越长，该收益在我们看来就越无足轻重。

例如，尽管你知道每天要读十页书，但没有为这一行动设定明确的开始时间和结束时间，那么你就会觉得什么时候去读、什么时候读完都无所谓。于是，拖延就出现了。

在任何时候，都要为自己要做的事明确地设定一个行动时间——这件事，到底要用多长时间做完？是在晚饭之前做完，还是上床睡觉之前做完？在时间点上一定要安排得清清楚楚。

对于某些事，我们能很容易做出时间上的规划，例如洗碗，一刻钟也就差不多搞定了。但也有些事情，我们很难预先做出明确的时间规划，例如写一篇文章。这时，我们就要借助自己以往的经验，来估算完成此事的用时。当你做好了这一时间规划后，就要把它写下来，制成时间表，提示自己按时做出行动，心无旁骛地投入工作，直至完成任务。

第五话

和谁在一起

有句话说得好："你是谁不要紧，但和谁在一起很重要。"

雄鹰若在鸡窝里长大，就会失去高飞的本领，

无法搏击长空、高瞻远瞩；

野狼若在羊群里长大，也会丧失悍勇的气概，

无法叱咤风云、纵横荒原。

友情

友情是
海内存知己
天涯若比邻的
心心相印

友情是
又送王孙去
萋萋满别情的
离愁别绪

友情是
春草明年绿
王孙归不归的
殷切期盼

友情是
劝君更尽一杯酒
西出阳关无故人的
依依不舍

友情是
莫愁前路无知己
天下谁人不识君的
诚挚劝慰

友情是
孤帆远影碧空尽
唯见长江天际流的
望穿秋水

友情是
山回路转不见君
雪上空留马行处的
深深牵挂

友情是
桃花潭水深千尺
不及汪伦送我情的
心灵相通

友情是

天之涯　地之角

知交半零落的

缕缕惆怅

是同是天涯沦落人

相逢何必曾相识的

丝丝温暖

35 和谁在一起

鲁迅先生在《祝福》中塑造了一个栩栩如生的人物形象——祥林嫂。这是一个悲剧人物，发生在她身上的故事极其惨痛，但最后，这些故事竟成了别人的笑柄与谈资。其实，原因很简单：再悲惨的故事，也禁不起反复地讲——讲一遍引人同情，讲两遍令人悲伤，讲三遍或许就使人发笑了。

然而，我们身边不乏一类人，他们喜欢讲一些消极的事情，不负责任地散播负面谣言，完全不顾及别人的感受。

这种人是有“毒”的，而他们那些消极的言论，也会一点点地销蚀你对生活的信心，削弱你身上的正能量，加重你的抱怨情绪。他们给不了你解决方案，给不了你希望，只会在不知不觉中偷走你的梦想，使你渐渐颓废、庸碌。

有句话说得好：“你是谁不要紧，但和谁在一起很重要。”雄鹰若在鸡窝里长大，就会失去高飞的本领，无法搏击长空、高瞻远瞩；野狼若在羊群里长大，也会丧失悍勇的气概，无法叱咤风云、纵横荒原。

人一生的成败，与交什么样的朋友有很大关系，正如曾国藩说的："择友为人生第一要义。一生之成败，皆关乎朋友之贤否，不可不慎也。"

实力雄厚、不可一世的西楚霸王项羽，为什么最后会败给出身草莽的刘邦呢？

刘邦自己说："夫运筹策帷帐之中，决胜于千里之外，吾不如子房；镇国家，抚百姓，给馈饷，不绝粮道，吾不如萧何；连百万之军，战必胜，攻必取，吾不如韩信。此三者，皆人杰也，吾能用之，此吾所以取天下也。项羽有一范增而不能用，此其所以为我擒也。"

周恩来总理说："刘邦百战百败，却屡败屡起，靠的就是萧何为他当丞相，经营关中作他的根据地，要人有人，要钱有钱，要粮有粮。项羽百战百胜，却经不起一败，一败涂地，一败就亡，原因之一是没有萧何这样的丞相。"

由此可见，刘邦成功的秘诀就是善于结交益友且重用人才，最后达到了"众人拾柴火焰高"的效果；而项羽孤芳自赏、目中无人，好不容易得一智囊范增，还猜忌他、逼走了他，所以难怪成为孤家寡人并走上绝路。

"得到" APP 的创始人罗振宇说得好：一个人"身价"的高低，是由他周围正能量的朋友的数量决定的，正能量的朋友越多，他的价值就越高，因为这些朋友会助他提升。所以，与勤奋的人在一起，你不会懒惰；与乐观的人在一起，你不会消沉；与智者同行，你会不同凡响；与高人为伍，你能登上巅峰。

人生苦短，我们应慎重择友：

首先，与靠谱的人在一起。一个靠谱的人，就像一座不倒的靠山，无论什么时候想起他，心里都是满满的踏实。

刘备很聪明，选了靠谱的诸葛亮。说实在的，当时的刘备如同流寇，居无定所，而诸葛亮则是“良禽择木”。诸葛亮遍观群雄，最终还是选择辅佐刘备，其一大原因就是看重了刘备仁德的品性与“帝胄”的身份，觉得刘备靠谱。刘备三顾茅庐请诸葛亮出山，也是因为他从时人的评价中得知诸葛亮是“卧龙”般的英才，认为诸葛亮靠谱。于是，两个靠谱的人联起手来，成就了蜀汉大业。

而《三国演义》中的另一个人物陈宫，则是个不幸的人。曹操假借献刀之机行刺董卓未遂，仓皇出逃，在中牟县遇到了县令陈宫，陈宫为曹操的赤胆忠心所感动，便随曹操一同逃亡。两人在逃亡途中借宿于吕伯奢家，晚上，吕伯奢让家人杀猪款待他们，曹操听到磨刀声，疑心吕伯奢一家要害自己，便杀尽吕氏一家。陈宫责备曹操不义，曹操却说“宁教我负天下人，休教天下人负我”。陈宫寒心，离开曹操投靠吕布，但吕布昏莽，不听陈宫之言而被曹操擒杀，陈宫也身首异处。由此可见，陈宫虽有才能却不会识人，故而不但一事无成，还搭上了性命。

那么，什么样的人才是靠谱的人？

靠谱的人，首先要品行端正，即有德。有德的人虽未必有才，但一定不会有害。有德的人懂得感恩，不会损人利己。有德的人讲求做人的原则，做事不会出格。有德的人“君子爱财，取之有道”，不会贪污腐败、挥霍无度。有德的人以大局为重，不会损害国家和集体的利益，而是乐于奉献、与人为善。

靠谱的人，除了有德之外，还要有能力。能力是德行之外，一个人最重要的资质，例如诸葛亮，若没有经天纬地之才，刘备也不会倚重他。

其次，与积极的人在一起。与积极的人在一起，你总能感受到正能量，有如沐浴在阳光中。积极的人像太阳，照到哪里哪里亮。

有人说，人生有三大幸事：上学时遇到好老师，工作时遇到好师傅，成家时遇到好伴侣。有时，他们一个和善的笑容、一句温馨的问候，就能点亮你暗淡的生活。

再次，与相爱的人在一起。与相爱的人在一起，人就心生力量，眼里有光。

在美国，一位93岁的老先生每天中午都到同一家餐馆吃饭，吃饭时，还总将一幅照片摆在餐桌对面。时间久了，大家都认识了他，便好奇地问：照片里的人是谁？原来，照片中漂亮的女士是他四年前去世的妻子，而这家餐馆是他妻子生前最喜欢的餐馆。

老先生深爱着妻子，自结婚以来，他与妻子数十年如一日，相濡以沫，从未分离，哪怕在妻子去世后，他也将妻子的照片时刻带在身上。妻子怕黑，他就每晚在家里留一盏灯，唯恐爱人找不到回家的路……

冰心曾说："有了爱，就有了一切。"也正是因为有了爱的支撑，她与丈夫吴文藻风雨同舟、患难与共了半个多世纪，始终相互扶持、不离不弃，直至走到生命的尽头。

生命之繁华消逝于流年，但若有一个深爱的人陪伴在自己左右，那么天地日月、山川草木便皆熠熠生辉。

每个人在生活中都会或多或少地受他人影响，如爱人、亲人、朋友……他们的性格、价值观、生活态度等，都会潜移默化地影响我们的人生。

如果你想像雄鹰一样翱翔天空，那你就要与群鹰比翼，而不要与燕雀为伍；如果你想像野狼一样纵横原野，那你就要与群狼奔逐，而不要与鹿羊同行。这正所谓“画眉麻雀不同嗓，金鸡乌鸦不同窝”。

静下心来，留意一下身边的人，远离那些让你变得消极颓废的人，去跟有正能量的人在一起。

36 如何有效地赞美

很多书中都会提到社会生活中维持人际关系的几大法宝，如尊重、信任、友善、赞美等。特别是赞美，有人说它是“交际之王”，有人说它是人际关系的“高级润滑剂”，但很少有人告诉我们为什么要去赞美、如何有效地赞美。

那么，赞美的意义到底是什么呢?

美国心理学家亚伯拉罕·马斯洛在其著作《人类激励理论》中将人的需求分为五个等级，由低到高分别是：生理需求、安全需求、社会(归属与爱)需求、尊重需求和自我实现需求。马斯洛认为这五种需求呈递进关系，须在较低层次的需求得到满足后，人们才会产生更高一个层级的需求。社交属于社会需求，而赞美则属于更高层次的尊重需求。

在现代社会中，大多数人的生理需求和安全需求都能得到满足，并且能获得一定的友谊，使自己的社会需求也得到满足。所以，人们在交往中，会力争满足自己更高层次的需求，如尊重需求。

希望别人肯定、赞美我们，是我们生而为人的天性。不少老师觉得现在的学生越来越难管理，其背后的一大原因就是学生的尊重需求和自我实现需求未能得到满足。所以，如果老师们不考虑这些因素，固守以往的观念，用简单的奖惩制度去管理学生，就很难获得理想的效果。

既然赞美这么重要，那么如何赞美才行之有效呢？

首先，赞美要适时。

《红楼梦》里有这样一幕：史湘云极力劝说贾宝玉走仕途，贾宝玉刚开始还有耐性婉拒，笑称自己就是个"俗中又俗"的人，不愿与官场上的人多来往。史湘云听了，一边摇着扇子笑，一边揶揄他性子难改，气得贾宝玉要把她赶到别的姊妹那儿去。

袭人在一旁听了，便劝史湘云说："快别说了，上回宝姑娘这么说，他也不管人家脸面，拔腿就走了。得亏那是宝姑娘，若换作林姑娘，不知又哭闹得怎么样呢。"

贾宝玉听了更怒，直接说："林姑娘才不会跟我说这些混账话，要是她这么说，我早和她生分了！"

恰巧此时林黛玉走到窗前，把他的话一字不漏地听进耳里。这些话，贾宝玉从没在她面前说过，如今被自己无意间听到，内心被深深地触动了。

赞美是否能让人愉悦，得看时机。有的人喜欢当面听漂亮话，林黛玉却不然。她性子敏感而细腻，若听到当面的赞美，恐怕猜疑会多过欢喜，甚至认为那是打趣自己。

最令人怦然心动的，莫过于自己喜欢的人在他人面前称赞自己——"呀，原来他觉得我这么好。"

适时的赞美，能使被赞美者的喜悦最大化。

其次，赞美要适度。

刘邦曾跟韩信讨论兵家才能，问韩信："我能指挥多少兵马？"韩信如实回答："陛下最多能指挥十万兵马。"刘邦听了，挑挑眉，似有不悦，又问："那你能指挥多少？"韩信自信地说："臣多多益善。"刘邦呵呵一笑，说："既然你带兵的本事比我大，那为什么还受我差遣？"韩信没有慌乱，恭敬地朝刘邦行礼，答道："陛下虽然不擅长指挥兵马，但很擅长驾驭将士，这就是我为陛下所用的原因。"

伴君如伴虎，面对当权者，若一味赞美，就容易被视为阿谀，甚至还会惹祸上身。人虽都喜欢听好话，但不代表喜欢被吹捧，帝王也不例外。可现实生活中的一些人在称赞别人时，恨不能把好话都说尽，结果反而让人生疑——这成套的好话里，究竟是真心赞美多，还是假意讨好多？

正如人们总说做事要把握好"度"一样，赞美本身虽是一件好事，但若过了度，也就违背了善意的初衷。

再次，赞美要真诚。

北魏太武帝有一位得力顾问，名叫崔浩。在统一北方的征战中，崔浩立下了赫赫功勋，受到了太武帝的器重。

在一次宫廷宴会上，太武帝特意邀请崔浩坐到自己身旁。这一举动引得众臣纷纷趋奉，夸崔浩骁勇善战、有大将之风。崔浩听了，口上虽一一道谢，心中却毫无波澜，他深知这些人并未参与征战，说的不过是客套话。

这时，太武帝面向众臣，指着崔浩说："你们眼前这个文弱的人，虽然不能擐甲执兵、驭马驰骋，但胸中的韬略却远超甲兵之锐。朕在一开始，虽也有征伐之意，但一直犹豫不决，所以这次能克敌获捷，靠的还是崔浩给予朕的鼓励与引导啊。”

同样是称赞，太武帝的话就触动了崔浩的心——不是因为这赞誉出自帝王之口，而是因为太武帝把崔浩的所作所为看在眼里，明白崔浩功劳何在。

真诚，是赞美的基本原则，如果背离了这一点，赞美就变成了阿谀奉承。所以，如果我们找不到对方值得赞美的优点，那么我们最好保持沉默。

最后，赞美要具体。

如果你对一个女孩子说“姑娘，你真漂亮”，那么对方可能会觉得你有些轻浮。如果想让对方觉得你是真心实意的，那么你最好表述得具体一些，因为人们在心理上往往会更倾向于有实质内容的赞美，会觉得这种赞美更真诚。比如，你可以对那个女孩子这么说：“你笑起来真好看。”

赞美是一门艺术，也是一种社交智慧。在日常生活中，若想有效地赞美他人，让他人对你产生好感，你就要认真地分析对方的心理、抓准对方的特点并选择良好的时机，只有这样，赞美才能真正成为人际关系的“高级润滑剂”。

37 好情绪成就好人生

著名产品人梁宁曾说："情绪，是一个人的底层操作系统。"驱动一个人的往往是他的情绪，所以一个人如果不能控制好自己的情绪，那么他就会常常陷入失控的局面。

不良的情绪会驱使你做出一些不理智的、事后想起来非常后悔的决定。有这样一则故事：

在1965年的世界台球冠军争夺赛中，路易斯原本遥遥领先于对手。此时，一只苍蝇落在主球上，路易斯见了，挥手将其赶走。待路易斯俯下身准备击球时，他却发现这只可恶的苍蝇又落到了主球上。在观众的笑声中，他又愤愤地去赶苍蝇。

然而，这只苍蝇好像故意要和他作对，总是飞回来，惹得在场的观众放声大笑。

路易斯的情绪恶劣到了极点，他终于失去了冷静和理智，愤怒地用球杆击打苍蝇。一个不小心，球杆碰动了台球，他被裁判判为击球，从而失去了一轮机会。

本以为败局已定的竞争对手约翰见状，勇气大增，最终使比分逆转，夺得了冠军。

在紧要关头控制好情绪，是一个人极重要的本领。情绪稳定的背后，是实力，也是格局。

奥里森·马登在其《一生的资本》中说：“任何时候，一个人都不应该做自己情绪的奴隶，不应该使一切行动都受制于自己的情绪，而应该反过来控制情绪。无论境况多么糟糕，你都应该努力去支配你的环境，把自己从黑暗中拯救出来。”

谁都有情绪不佳的时候，而会生活的人，一定是能控制住自己情绪的人。在很多成功人士身上，我们往往能看到这样的特征——冷静与克制。他们能做到宠辱不惊，不会得意忘形，更不会自暴自弃，这种气质会让人感到安心，觉得这个世界上没有什么问题是他们解决不了的。

有则佚闻，季羡林、臧克家两位先生曾到一家小饭馆吃饭，其间，季羡林因帮着扶起一个摔倒在地的孩子而被孩子的母亲误以为是欺负小孩，挨了骂。周围的顾客看不下去了，纷纷指责女人不讲道理。事后，臧克家问季羡林：“你明明是被误解的，为何不还嘴？”季羡林笑笑说：“大家都看着呢，我何需解释？”

无论是在学习、工作中，还是在日常生活中，我们都会产生不少压力。面对这些压力，我们若能冷静下来，心平气和地应对，就会发现情况其实并没有那么糟糕。

某中学一名高三学生，被家长、老师在高考上寄予厚望。然而，在第一场语文考试中，她就感觉自己考砸了。忧虑和沮丧笼罩了她，在接下来的几场考试中，她都是迷迷糊糊地进考场、无精打采地出考场。等考试成绩出来后，她却发现自己的语文成绩并不像她想象的那样差，反而是所有科目中最好的，只可惜其他科目的成绩拉低了她的总分，她最终名落孙山。

另一名高三学生，也觉得语文一科考砸了。走出考场后，理智的她没有为此忧虑、沮丧，而是静下心来调整自己的情绪，分析上一场考试失利的原因，以求不在接下来的考试中犯同样的错误。果然，在接下来的几场考试中，她都发挥出了自己的最佳水平，最终如愿考上了理想的大学。

其实，压力所带来的负面情绪，是烧毁我们冷静与理智的火苗。当你沉浸在一种焦躁的情绪中时，你就会看什么都不顺眼、做什么都不顺手，进而使情况变得更糟。

生活从不是一帆风顺的，每个人都会产生负面情绪，这很正常。但这种情绪就像水，宜疏不宜堵。

有了负面情绪，就要借助某些渠道进行宣泄，否则它们就会积聚起来，引发人们生理或心理上的疾病，于人有百害而无一利。但是，负面情绪若宣泄不当，也会对自己或他人造成伤害，甚至使人做出违法犯罪的事来。那么，我们应怎样疏通、调整自己的情绪呢?

第一，向老师、家长或朋友倾诉。

当你觉得老师误会了你，或与同学闹了矛盾，你就要积极地与老师、同学交换意见，使对方了解你的真实想法，进而消除误会、化解矛盾。除此之外，你也可以把心中的不快、郁闷、愤怒、失意等消极情绪，向家长、朋友一股脑儿地倒出来，使自己的情绪得到释放、心情复归平静。

第二，写周记、日记。

如果你对老师的做法有所不满，或对一些事情有所抱怨，却又不敢当着老师和同学的面说，那就可以把你心中的郁结写在要上交的周记中，让老师知道。如果你不想让别人知道，也可以在私人日记中倾吐你的委屈与牢骚。

第三，痛痛快快地哭一场。

当你感到特别痛苦、特别悲伤时，不要压抑自己，不妨痛痛快快地大哭一场。哭能有效地释放积聚在心中的消极情绪，暴风雨后会有彩虹。

第四，换个角度想一想。

在被家长或老师批评之后，你如果心里有气，则不妨设身处地地想一想：假如我是家长或老师，我会怎样做呢？这样，你多半就能理解家长、老师的良苦用心，心情也会慢慢平静下来。

第五，通过击打物品进行宣泄。

愤懑难忍时，你可以回到房间关起门，用力捶打你的被子或枕头。待你捶打得疲乏时，你就会觉得心里轻松了许多。这样做，既能让自己出气，又不会造成什么严重后果——捶坏枕头总比憋出病来好多了。或者，你还可以把你的玩具熊、布娃娃等举过头顶，然后用力掷到床上，这样，你的火气也会有所平息。

第六，通过剧烈运动进行发泄。

当你有了消极情绪却不愿与家长、同学交流时，则不妨通过剧烈运动如跑步、打球等进行发泄，使郁积在胸中的怒气得到纾解。不过，在做剧烈运动时，要把握一个度，不要因此而伤及身体。

第七，去心理辅导室寻求帮助。

学校有心理辅导室，大家可以找心理辅导老师倾诉，他们也会给大家准备一些可供发泄的物品，让大家尽情、合理地发泄，以此来消除心中的不良情绪。

情绪稳定，是一个人必备的素养。我们之所以要做能控制住自己情绪的人，就是因为情绪良好稳定是一种人格魅力。拼情商、拼修养，说到底，拼的还是情绪。请记住，人生再艰难，明月清风也不需钱来买。

38 让阅读陪伴成长

对学生来说，最重要的事无过于成长。有人说，成长比成功更重要。

什么是成长？成长是事物走向成熟、褪去青涩的过程。在这一过程中，对“万物之灵长”的人类而言，精神的成长比躯体的成长更显重要，因为精神的丰盈与充实是一个人成熟的标志，也是一个人在人生旅途中战胜挫折、克服磨难的有力武器。

而阅读，对个体的精神成长至关重要。

朱永新先生曾说：“一个人的精神发育史，就是他的阅读史。”如果把人的精神成长与躯体成长做个比较的话，那么躯体成长更多是受遗传基因与物质环境的影响，而精神成长则与人们后天的阅读紧密关联。

1809年2月12日，一个男孩出生在美国肯塔基州哈丁县一个贫苦的家庭中。因为家境贫穷，他只上了四个月的小学，可他却被知识深深吸引。为了学习，他经常以苦力劳动换取书籍、报刊供自己阅读，还把烧焦的木棒当成铅笔，在简陋的木板上练习写字……由此，他渐渐积累了不同学科的大量知识。

他利用点滴时间专注阅读，当其他小伙伴在山坡上玩耍时，他则手捧书本坐在树下静读。十几岁时，他已将邻居家的书籍借阅了一个遍。

在生母去世、父亲再婚后，他又将继母带来的书翻了一遍又一遍。渐渐地，他成了一个擅长写作的人，以至于邻居们都愿意出钱请他写信或简单的遗嘱。

21岁时，他外出游历，最后在美国西部边境的一个小村庄中安顿下来。这个小村庄里有几个受过大学教育的人，他们允许他随时借阅他们的书籍。

1836年，他通过自学，成为一名律师，后在斯普林菲尔德与人合伙开办律师事务所。不久，他成为州议会辉格党领袖。在经历了几次竞选失败后，他于1846年当选为美国众议院议员。1861年，他又通过参加竞选，成为美国的第十六任总统。

他就是美国历史上最伟大的领袖之一——亚伯拉罕·林肯。

历史上，因勤奋读书而改变自己乃至国家与民族的命运、影响人类文明进程的杰出人物并不鲜见，而人们若要攀登知识的高峰，阅读和思考是必由之路。歌德说："读一本好书，就是和许多高尚的人谈话。"只有通过阅读，我们才有无限接近先哲们思想境界的可能。

或许，你无法在现实生活中结识名家巨擘，但通过读书，你就有可能了解他们深湛的学问与思想。虽然，你不可能回到过去，也不可能提前进入未来，但书籍可以把你带回过去，可以帮你展望未来。同样，你很难走遍世界，但书籍可以把你带到地球上任意一个角落。

读书意味着接受更加精致的教育，因为那些流传后世的名著是人类智慧、文化与思想的结晶。苏联教育家苏霍姆林斯基曾说："学校首先意味着书籍。"没有丰富藏书的学校，或虽有丰富藏书却缺乏热爱阅读的师生的学校，都不是一所真正意义上的学校。

对一个民族来说，阅读的意义不可小觑。朱永新先生反复强调："一个民族的精神境界，取决于这个民族的阅读水平。""阅读的高度，就是国家的高度。"

犹太人嗜书如命，极重阅读，这种对书的痴迷和热爱使犹太人中出了一大批闻名世界的人物：马克思、爱因斯坦、玻尔、弗洛伊德、海涅、伯格森、胡塞尔、大卫·李嘉图……人类的物质世界与精神世界，几乎都受过犹太人的影响——马克思的唯物史观，改变了人类对社会和历史的认知；弗洛伊德的精神分析理论，改变了人类对自身的认知；爱因斯坦的相对论，改变了人类对宇宙和自然的认知……

优秀的书籍既是人类伟大智慧的结晶，也是人类进步的阶梯，你若不能充分利用，那可真是愚钝透顶，枉走人世一遭。

对一个人来讲，没有阅读，就不可能有个体的心灵成长，不可能有个体的精神发育。对一个民族、一个国家来讲，没有阅读、没有精神的成长，是一件很可怕的事。一个国家、一个民族的阅读水平，决定了其精神力量，而精神力量在一个国家的软实力与核心竞争力上起着关键作用。

在对阅读的重要意义的阐述上，朱永新先生的话发人深省：

通过阅读，我们不一定变得更加富有，但我们一定可以变得更加智慧。

通过阅读，我们不一定能改变我们的长相，但一定可以改变我们的品位和气质。有些人相貌普普通通，但“听君一席话，胜读十年书”，令人如沐春风，你会觉得他深邃厚重，觉得自己得到很多启迪。人的相貌基于遗传，无法改变，但人的精神可以通过阅读而变得丰富多彩。

通过阅读，我们不一定能延长我们生命的长度，但一定可以拓展我们生命的宽度、增加我们生命的厚度。人的生命的长度有基因等先天因素在起作用，而后天的阅读可以让我们的精神世界更加宽广而充实。

通过阅读，我们可以在有限的生命中欣赏无限的风景、体验精彩的人生。

通过阅读，我们不一定能实现我们的人生梦想，但一定可以更接近我们的人生梦想。

《朗读手册》里有这样一句话：“阅读是消灭无知、贫穷与绝望的终极武器，我们要在它们毁灭我们之前歼灭它们。”让我们爱上阅读吧，让阅读成为我们的习惯、伴我们成长吧！

39 健康是人的第一财富

人的生命只有一次，人应该怎样健康地活着，活出生命的精彩，少受病痛的折磨，确实是每个人都应思考的严肃问题。

世界卫生组织曾对影响健康的各类因素做过研究，最后得出结论：健康=60%的生活方式+15%的遗传因素+10%的社会因素+8%的医疗因素+7%的气候因素。可见，生活方式是影响人体健康的最关键的因素。

什么样的生活方式才是健康的呢？许多专家认为，“按时睡，管住嘴，迈开腿”就是最基本、最简单易行的一种。

“按时睡”，就是要根据人体机能的变化规律，安排好作息时间。睡眠有补充人体能量、增强人体抵抗力、促进人体生长发育的作用，对人们心理健康的保持亦有较大功效。人的一生，大约有一半的时间是在睡眠中度过的，所以睡眠实在是一件重要的事。

鉴于此，我们要制定合理的作息时间表，持之以恒地执行下去，提高学习或工作的效率，养成到什么时间做什么事的习惯，同时保证每天八小时左右的睡眠。记住，睡眠为生命之必需，亏欠不得，不然日后你身体上的亏损，便会像讨债似的追着你偿还。

“管住嘴”，就是要合理安排膳食。“病从口入”，很多疾病都是“吃”出来的。健康的饮食结构和良好的饮食习惯是合理膳食的两大方面，健康的饮食结构要求膳食中富含人体所需的营养物质，少含有害成分；良好的饮食习惯则包括按时进餐、坚持吃早餐、睡前不饱食、咀嚼充分、吃饭不分心、保持良好的进食心情和气氛等。

专家们建议，主食的品种应多样化，尽可能多吃粗粮、杂粮，因为粗粮、杂粮比细粮更富含人体所需的微量元素；同时，要多吃蔬菜、水果，因为蔬菜、水果中含有丰富的维生素、矿物质和膳食纤维，有利于身体健康；此外，少油、少盐、少糖对保持健康亦非常重要。

“迈开腿”，就是要坚持运动。生命在于运动，所以我们要根据自己的特长、兴趣、身体状况，选择一项或几项自己喜欢的运动。比如，羽毛球运动就比较适合普通大众，因为难度不是太大，器械也易得；快步走就更方便了，而且只要持之以恒，身体就会受益良多。

要知道，健康是“1”，成就、荣誉、财富什么的都是“0”，只有先有了“1”，后面的“0”才有意义。不要忽视身体，那是“革命的本钱”。倘若你的体重没有因贪嘴与懒惰而增长太多，你的心态也没有因年龄的增长而丧失活力，那么你就在某种意义上留住了青春、健康与快乐。请记住，健康是我们的第一财富。

40 为什么我们要学习写作

一谈写作，不少人都会望而却步，因为写作太难了！那么，我们为什么要学习写作？

让我们先来认识一个人——斯蒂芬·金。

说起斯蒂芬·金，很多人可能会一头雾水，不知他是何许人；但若一提到电影《肖申克的救赎》，那恐怕就知者甚众了。没错，这部电影就改编自斯蒂芬·金的作品。

其实，斯蒂芬·金是当今世界上读者最多、名气最大的小说家之一。早在20世纪70年代中期，斯蒂芬·金就已声名鹊起了，《纽约时报》称他为“现代惊悚小说大师”。

在数十年的创作生涯中，斯蒂芬·金成果颇丰，他的很多作品亦被译成多种语言，发行至世界各地，总印数多达数亿册。更值得一提的是，相当多的影视作品都取材于他的小说，因此他还创下了一项吉尼斯世界纪录。

《写作这回事》是斯蒂芬·金写的一本有关写作的书。有这样一个写作天才现身说法，这本书自然也就吸引了众多写作爱好者的目光。该书是斯蒂芬·金对其创作生涯的回顾，其内容大体分为两个部分：第一部分是他的人生回忆录，第二部分是他的写作经验分享。这些内容虽看似平淡无奇，但于斯蒂芬·金的人生和创作而言，则有着非凡的意义。

在1999年撰写该书期间，斯蒂芬·金遭遇了车祸，虽保住了命，但髋部粉碎性骨折，右膝不能打弯，走路得靠助步架。

鉴于他的身体状况，人们都对斯蒂芬·金继续坐在书桌旁执笔写作不抱希望，但术后仅一个月，斯蒂芬·金就重新拿起了笔。他说，虽然他身受剧痛，但身处这样一个命运的岔路口，他别无选择。

之前，斯蒂芬·金曾有过借助写作走出痛苦的经历，知道写作至少能让自己在短时间内忘记不幸。他想，这一次，写作或许还能帮到他。

在《写作这回事》中，斯蒂芬·金写道：

人们会用各种不同方式问我——有时很委婉，有时问得很不客气，但最终意思都是一样：你写书是为了赚钱吗？

答案是否定的。现在不是，从来都不是。的确，我写小说确实赚了不少钱，但我从来不曾为了要拿稿费而落笔写过哪怕一个字。……我写作是为了自我满足。也许我借此还清了房贷，还送孩子上了大学，但这些都是附加的好处。我图的是沉醉其中的乐趣，为的是纯粹的快乐。如果你是为了快乐而做事，你就可以永远做下去。

曾经有些时候，写作对于我来说好比是一种坚持信念的行动，是对绝望的挑衅和反抗。此书的第二部分就是在这样的精神中写成的，正如我们小时候常说的那样，是我拼着老命写出来的。写作不是人生，但我认为有时候它是一条重回人生的路径。这是我在1999年夏天的新发现，当时有个人开着辆蓝色货车，差点要了我的命。

写作，最终帮着斯蒂芬·金站起来，好起来，走出来，快乐起来。

读这段文字时，我被深深地打动了。我不曾想到，写作竟有这般强大的力量——在一个人身陷困境时，写作能救赎他的精神，引领他走出黑暗、走向光明。

在《写作这回事》一书的末尾，斯蒂芬·金说：

你可以写，你该去写，而且如果你足够勇敢，开始写了，你要坚持写下去。写作，跟其他的艺术创作一样，是神奇的生命之水。这水免费，所以畅饮吧。

这位成功的写作者，用他的生命体验，解答了我们“为何要写作”的困惑。

47 写作对于人生的重要意义

在现实生活中，很多人对写作心存误解，认为只有靠写作谋生的人才需要打磨这项技能。其实，在当今复杂多变的形势下，人人都需要练习写作，因为写作能力是未来社会中人们经营人生的一项基本能力。

写作是重要的生存技能

信息时代，互联网使人与人之间的信息交流更加通畅便捷，使世界融为一体、缩于微屏，既彰显了世界风云的激荡，也传输着个人情感的脉动，是那么浩瀚、奇妙又变化多端。信息时代，其实亦是“写作的时代”，因为信息大多需借助文字才得以传播、为人获取，这正如美国教育家韦斯特所说的：信息社会，“写作，包围着你”。可以这样说，没有哪一个时代像今天这样需要写作，也没有哪一个时代像今天这样依赖写作。

对于任何一个普通人来说，写作不仅为记录思想、调节情绪所需，同时也是物质生产的一种手段，因为在当今这个社会中，物质生产、产品消费的全过程都伴随着知识生产，而知识的载体便是文章。

所以，在这个“万物互联”的时代，一个人的文字表达能力在某种程度上决定着他的沟通能力，并进而成为其一项重要的生存技能。

写作是倒逼自己成长的绝佳方法

说起写作，大家常常会面对这样的窘境：不知道该写什么。

这个问题的本质是什么？

如果你对自己经历的事没有做过反思，没有从中获得感悟，那么你就会觉得无物可写。只有勤思考、多练笔，文章才能写得精彩。如果你每天都能写出来点东西，而且还觉得写得不错，那就说明你在体验、在领悟、在成长。

所以，写作绝对是倒逼自己不断进步、不断成长的绝佳方法。

写作是提高学习效率的助推器

写作能促使人们进行深入思考。在写作的过程中，你会发现很多之前自以为想明白了的事物，其实并没有被真正弄懂，而对于尚未想明白的事物，你自然也就写不明白——“以其昏昏”是无法“使人昭昭”的。

写作的过程是思想、观点变得清晰、有条理的过程，有助于增强人们思维的逻辑性、表述的条理性与措辞的准确性，使人们形成对象意识、对话意识，在不知不觉中提升自己的沟通能力与理解能力。

所以，写作能逼着人们做深度思考，吸取前人的成果并对之进行转化与输出，从而极大地提升人们的学习效率。

写作是个人影响力的放大器

对个人而言，影响力很重要。你在某个圈子或平台的影响力，在某种程度上左右着你未来的发展。

在网络媒体时代，特别是自媒体时代，人人都是创作者，人人都是信息的发布者与传播者，在这种情况下，你若拥有了写作能力，就相当于在网络上给自己配备了一个喇叭，你可以时不时地发发声、亮亮相，让更多的人注意你、认可你、欣赏你，使自己获得更多的资源、寻到更好的平台。

写作是为自己赋能的强有力手段

现在，人们常常利用"互联网＋"进行赋能。无论哪个行业，只要能与互联网建立关系，就会获得巨大的发展潜力。这就是"互联网＋"的魅力。

"写作＋"又何尝不是如此？潘新和教授在其著作《语文：表现与存在》中指出："很难想象，一个只有专业技能而缺乏写作能力的人，能在现代社会中自如地施展自己的才能，能称得上是心灵丰富、精神健康的真正意义上的人。”所以，当你于专业素养之外又掌握了写作技能时，你就会发现自己能量骤增。请看下面的“能量组合”：

一个优秀的企业家 + 会写作

一个优秀的教师 + 会写作

一个销售达人 + 会写作

一个优秀的动漫设计师 + 会写作

……

要知道，写作技能是一项具有保值性的技能，无论这个世界将变成何样、各行各业将如何发展，写作这项技能都不会贬值，只会越来越可贵。

42 重新定义体育对个人成长的价值

“德智体美劳五育并举”，这简单的口号人人皆知，可是，“五育”如何“并举”、如何发挥每一种教育对个人成长的效用，就是比较复杂的问题了。特别是体育，大家往往简单地认为：体育不就是锻炼身体吗？但其实，体育对个人成长的价值，绝不仅仅是强身健体。

让我们先来看一位体坛名将的人生经历，她就是我国著名乒乓球运动员邓亚萍。

在邓亚萍十余年的运动员生涯中，她共拿到18个世界冠军，摘得4枚奥运会金牌，在乒坛排名连续八年位居“世界第一”，是乒乓球运动史上排名“世界第一”时间最长的女运动员。

1997年退役后，邓亚萍人清华大学外语系学习。指导老师让她一口气写完26个英文字母，邓亚萍完成得十分吃力——虽然在他人看来，这再简单不过了。但邓亚萍自强不息，以勤补拙，终在2001年获得清华大学外语系英语专业学士学位。2002年12月，邓亚萍在英国诺丁汉大学顺利通过论文答辩，获得当代中国研究专业硕士学位。2008年，邓亚萍又从英国剑桥大学毕业，获得土地经济学专业博士学位。拥有18个世界冠军头衔的邓亚萍，在求学过程中表现不俗，使有着近八百年校史的剑桥大学第一次出了这种有世界顶尖级运动员身份的博士。

2002年，邓亚萍就职于国际奥委会道德委员会及运动和环境委员会。2004年，她从国家体育总局正式调入北京奥组委奥运村部，担任奥运村部副部长兼奥运村办公室副主任。2008年，她升任国家体育总局器材管理中心副主任。2009年，她就任共青团北京市委副书记。2010年，她就任人民日报社副秘书长、“即刻搜索”总经理。2015年，她受聘为中国政法大学的兼职教授。2016年，她和俞敏洪联手打造了国内第一家体育产业创新创业平台；同年，经河南省政府批准，由省政府委托中原资产管理有限公司出资，与邓亚萍团队共同发起成立了邓亚萍体育产业投资基金——这是中国第一个以运动员的名字命名的体育产业基金。

一个乒乓球运动员，能在诸多领域取得不凡成就，确实令人赞叹。而这一切，在某种意义上说，是体育运动带给她的。邓亚萍在回顾自己的运动员生涯时，指出了乒乓球这项运动给予她的宝贵“财富”，即勇于拼搏、积极向上的精神，超越自我、敢于挑战的勇气，镇定自若、临危不惧的状态，善于合作、沟通交际的能力，与时俱进、积极创新的心态，悦纳自我、敢于探索的气度，充满自信、乐观豁达的气质。正是这些“财富”，使她不畏任何艰难困苦，不断攀上人生中一座又一座高峰、饱览一处又一处美景。

其实，很多名人都有深厚的体育情结。毛泽东主席一生钟爱游泳，七十多岁时还畅游长江；国际货币基金组织前总裁拉加德，曾是一名花样游泳运动员；美国前任财政部长亨利·保尔森读大学时，曾是校橄榄球队的明星球员；美国黑石集团创始人、全球主席兼首席执行官苏世民，曾是校田径队队员；美国加州前任州长、演员、导演阿诺德·施瓦辛格，曾是健美运动员、力量举运动员；美国前总统奥巴马，是个篮球迷……

习近平总书记酷爱体育运动，2014年2月7日，在应俄罗斯总统普京之邀出席第二十二届冬季奥林匹克运动会开幕式后接受俄罗斯电视台采访时，他曾说："说到体育活动，我喜欢游泳、爬山等运动，游泳我四五岁就学会了。""冰雪项目中，我爱看冰球、速滑、花样滑冰、雪地技巧。特别是冰球，这项运动不仅需要个人力量和技巧，也需要团队配合和协作，是很好的运动。"在看望中国体育代表团时，总书记又说："我们每个人的梦想、体育强国梦都与中国梦紧密相连。"

清华大学中国与世界经济研究中心主任李稻葵在参加达沃斯论坛时，曾被一个场景深深触动，他在文章中写道：

冬天，瑞士，达沃斯，世界经济论坛最私密的会场，最高付费大佬们的专场，一帮国际大公司的企业家轮流与一拨一拨的国际政要以及个别学者见面。我被请去谈经济走势。

上一场刚刚结束，大家都站着交谈。我一进门，一惊：个个都是大高个，我一米七九的个子几乎是最矮的！自我镇定了一下，我马上想起一早熟悉的事实：国际上很多领导人，都是职业或业余体育运动员出身！练体育的，都以大个头为主。

这一场景使李稻葵陷入深思："不仅是运动员容易出成就，西方的精英大学也注重培养有运动员背景的学生。我的分析是，运动员出身的人（专业运动员另说，因为他们需要异于常人的身体条件），一定具备特殊的心理素质。"

于是，他进行了深入研究，得出了以下结论：

首先，运动员是懂得如何去竞争的一群人。体育游戏天生就带有竞争性，运动员身处其中，天生要善于竞争、喜欢竞争。

其次，运动员要懂得团队合作。即使是单人项目，如乒乓球、体操、跳水、田径项目等，也同样需要团队配合，因为一个团队里有教练、营养师、陪练等，只有每个环节都做到优异，才可能达到高水平的竞技状态。

只要人类社会存在，竞争和合作就是永恒的主题。这就是体育精神！人与人之间有竞合，国家与国家之间也存在竞合，单靠一项是无法取胜的，而运动员身上是两者兼备。

正因为了解运动员的这些特征，国外的不少大学都特别青睐有运动员背景的学生。哈佛大学曾经做过一项调研：毕业二十年后，哪些校友群体为母校捐款最多。结果出人意料，捐款最多的并不是学习成绩最好的学生，而是那些参加过校队的学生，因为这些学生无论是当年还是现在，都是最有集体荣誉感的。

久负盛名的罗德奖学金，承塞西尔·罗兹爵士之遗愿于1902年成立，资助来自世界各地的学生赴牛津大学深造。这一奖学金有多项评定标准，其中一项就是“体能运动”。

美国著名的高校联盟——常青藤联盟，最初就是由哈佛大学、耶鲁大学、哥伦比亚大学等八所高校组成的体育赛事联盟。中国的中学教育也曾有过一段颇重体育运动的岁月，如清华附中早在“文革”前，就有约三分之一的学生加入校队，活跃于各种比赛，不少人还在日后成了体坛精英。

如今，体育运动已成为一种塑造人们体格与品格的社会文化活动，而体育素养亦已成为一个充满活力、勇于进取、追求卓越的现代人所应具备的重要素质。那些只知道死读书的人，已渐渐跟不上时代的步伐。

亲爱的同学们，请大家在刻苦学习的同时，多参加一些体育运动，以求实现真正意义上的全面发展。

第六话

做一个有修养的人

人之所以为人，

是因为较之一般动物，他们有更高层次的精神追求，

其中之一便是不断地修炼自我，使自己成为一个有修养的人。

修养，

是从知识、文化、智慧与品德中涵育出的一种美质，

既是一种内在力量，也是一种外在风貌。

人生，就是一场修行

人生
就是一场修行
享受的是过程
洗濯的是心灵

生命
是一朵开到极致的花
需要浇灌
磨难是她的源泉

漫漫长路
悠悠岁月
过客来来往往
你永远不知道
在下一个路口会遇到什么

经历
看尽人生百态
洞悉人性的弱点
生活的哲学
知晓存在的价值

磨难
让人学会成长
教人如何遗忘
挣脱命运的羁绊
看淡一切
追梦向前

不是
每一次开花
都会结果
不是
每一次微笑
都是快乐
不是
每一片阴云
都会带来飞雪

不是
每一次雨后
都会有彩虹

人生
就是一场修行
只有阅尽沧桑
才能体会
酸甜苦辣的心境

不杞人忧天
不裹足不前
天地无对亦无错
莫使青春空蹉跎
扯一片五彩的云
装饰我们的梦
去拥抱
那一缕阳光的灿烂

43 学会与父母亲密相处

父母是我们在这个世界上最亲近的人，在任何困难面前，父母都会挺身而出，为我们排忧解难。在日常生活中，我们时常会思考如何与朋友交往，不惜为之花费相当多的精力，可对于父母，我们却时常将负面情绪毫无顾忌地发泄在他们身上，给他们造成伤害。虽然与父母产生摩擦乃至发生争吵，问题不一定出在我们身上，但这依旧不是我们与父母恶言相向的理由。

为什么有些同学可以跟老师、同学相处得很好，却与父母不甚融洽呢？我们若想与父母亲密相处，就得先弄明白这一问题。

其一，该问题是由亲情的分离性造成的。人虽是高级动物，但依旧具有动物属性。在动物世界里，很多动物长到一定年龄，就会被其父母驱离，走向独立；甚至有的动物刚出生不久，就被父母“抛弃”了。这其实是由亲情的天然属性——分离性造成的。

有些处于青春期的孩子难以与父母心平气和地沟通交流，时常与父母发生争吵，实际上也是出于这一原因。但与此同时，亦有太多青少年在家长的过度保护下，未能开发出过硬的自理能力，这也是他们经常与父母闹矛盾的症结所在。

是啊，年龄与能力的不匹配使我们的独立性始终处于缺失状态。我们想独立，但又没这个能力，不得不依赖于父母。两难之中，矛盾得以产生。

其二，该问题是从对控制权的争夺中产生的。人们的安全感是建立在对外部环境与事态的控制感上的——如果我们能够确定外部环境与事态是可控的，我们就会有安全感，心情也会变得愉悦；如果我们对外部环境、事态心存警觉与疑虑，我们就会产生焦虑、恐惧的情绪，并容易与他人发生争执。

我们与父母发生争执，很多时候是由双方对“控制权”的争夺导致的。一般来说，控制欲越强的父母，越容易与孩子发生矛盾，因为孩子的自主性在被过度压制时，会产生很大的反弹力，故而他们会变得更加叛逆。

其三，该问题是在量变向质变的转化过程中恶化的。我们与父母的激烈冲突，往往源于一件件琐事、一次次摩擦的叠加，如今天的着装问题、昨天的发型问题、前天的作息问题……在这些问题上，如果我们没能与父母进行良好的沟通，使负面情绪得到排解，那么有朝一日，冲突就会爆发，像洪水冲溃堤坝一样。

其四，该问题来自因信息流的差异而产成的代沟。人们接收的信息不同，观念也就存在差异。父母接收的信息与我们获取的信息往往有较大差异，这就使我们与父母在观念上不甚契合，代沟也由此形成。

随着网络时代下信息更新速度的提升，我们与父母在思想观念上的差距也逐渐拉大——我们觉得对，父母觉得错；我们觉得好，父母觉得坏……总不在一个节拍上。相对而言，老师的思想较为开通，与我们学生也更为合拍，这是因为他们的工作性质决定了他们接收的信息与学生接收的有更多交集；而同学、朋友与我们年龄相仿，在思维、心态、兴趣上与我们多有相通之处，所以更能理解我们。

不可否认，人的个体差异性在某种程度上阻碍了心灵的契合。父母不是我们，自然不能完全感知我们的情绪；同样，我们不是父母，故而也很难真正站在他们的立场考虑问题。像这样，双方都从自身着眼，拉锯战也就不可避免了。

其五，该问题亦源自维护自我形象的成本偏低。人是社会性动物，自然在意自己在群体中的形象，如果一个人在群体中形象不佳，那么他就容易被孤立，所以形象是每一个想融入某个群体的人都要尽力维护的。比如，在群体中，我们会自然而然地表现出有礼貌、有教养的言行，并且懂得控制自己的情绪。

由此可知，如果在父母心目中，我们的形象是正面的、良好的，那么我们就会更加注意自己的形象，更加自觉地维护自己的形象，让自己的言行更加得体；如果我们在父母心目中的形象比较差，那么我们可能就不会太在意自己的言行，因为在我们看来，无论我们的形象是好是坏，父母也都会予以包容，所以在这种情况下，我们若与父母发生了冲突，往往就会不顾形象地采取对抗方式。

父母是我们生命中最重要的人，是全心全意爱我们、愿意为我们无私奉献的人，所以我们必须善待他们，积极化解与他们的矛盾。

在此，我给出几条建议供大家参考：

第一，正确认识争吵。人类的攻击分为身体攻击和言语攻击，而攻击欲与人类其他本能一样，如被长期压抑，就会破坏人的心态平衡，损害人的心理健康乃至身体健康。

争执、吵架并不都是坏事，有时也是沟通的一种方式，有助于人们了解对方的需求，彼此磨合。所以，我们不用太害怕争吵，因为这是一种释放与促进，是我们解决问题的一种方式。但我们要考虑的是，如何进行不伤害彼此的有效争吵——这是争吵的底线所在。所以，我们要明确地界定问题、把握好尺度、就事论事，而不要进行人身攻击、“翻旧账”、相互揭短、消极冷战。只有这样，争吵才有价值，道理才能辩明。

第二，暂时撤离“阵地”，克制自己。哲学上认为，矛盾是对立统一的。同样，争吵也是一种矛盾，所以若缺失了其中任何一方，争吵就难以为继。

鉴于此，在与父母争吵时，我们要及时止损，暂时撤离“阵地”，让自己冷静下来，也让父母的情绪得以缓和，从而减少争吵对彼此造成的伤害；之后，我们再梳理思路，理性分析，以求找到解决问题的有效方法。

第三，写争吵反思。反思是为了剖析问题、化解矛盾、促进成长。在学习中，我们通常都备有错题本，将我们作业、试卷中的错题记录下来，时时回顾，以求日后尽可能少犯此类错误。写争吵反思，目的也在于此。我们在写反思时，可以写写自己是否对父母进行人身攻击了，也可以想想自己是否站在父母的角度考虑问题了，等等。

除此之外，写争吵反思贵在坚持。一个人若想成长得快，一方面要多历练，另一方面则要多反思。所以，我们要经常反思自己，并将反思所得付诸实际行动。

第四，塑造自己良好的形象。我们总要成长，这种成长不局限于身体与年龄，也关涉人格与心理。在成长的过程中，我们要不断地修正自我，调整自我，塑造自己良好的形象，释放出更多的善意。只有这样，我们才能健康成长，进而妥善维护与父母的关系。

父母对我们的爱就像空气，无时无刻不包围着我们，以至于让我们忘却了它的存在，可是，谁又会否认这种爱是如此重要而珍贵呢？其实，在我们一生中，父母陪伴我们的时间并不多，他们也会年华老去，也会力不从心。所以，我们要珍惜与父母相处的时间，多与父母沟通交流，学会与父母亲密相处，铭记亲情的至暖——这也是我们报答他们养育、教诲之恩的一种方式。

44 面对中考的三种良好心态

对于广大初中生而言，中考无异于一件人生大事，而取得好成绩、考取好学校，也是每一位考生的理想。但是，考取好成绩并不是件容易的事，不然为何大家都是勤勤恳恳地学习，却有的考得好有的考不好呢？其实，要取得好成绩，除了刻苦用功，良好的心态同样重要。

那么面对中考，大家该持怎样的心态呢？以下三种心态值得大家思考与借鉴。

骆驼心态

要知道，备考之路并非一马平川，而是曲折多舛，所以有了“骆驼心态”，我们就有了“沙漠之舟”那样强健的心志、坚韧的品格、傲岸的风骨、勇毅的精神，纵使途中飞沙走石、冷热无常，我们也不会退缩、松懈，而是始终心无旁骛、昂首阔步。

或许有人会说，骆驼走得太慢了。殊不知走得慢的人，只要他有足够的毅力，就比漫无目标、徘徊不定的人走得快。因此，“骆驼心态”既是一种执着于信念、无悔于抉择的心态，也是一种不惧险阻、甘尝苦辛的心态。

狮子心态

中考是一场竞争，残酷无时不在，要想在独木桥上杀出一条属于自己的路，我们就必须奋力搏击，而有了“狮子心态”，我们就有了“正视淋漓的鲜血”的勇气与藐视一切困难的“王者风范”。

我们要耐得住孤独，敢于把自己抛向茫茫荒野，而不在意自己是否伤痕累累；我们要经得起历练，哪怕风雨如磐，也依然敢穿行于莽莽林海。因此，我们要有“狮子心态”，要有“勇者无惧”的气概，即使最终事与愿违，也无怨无悔。

“狮子心态”能使我们对成功的渴望像火一般炽烈，把我们心中的想法变成坚定的信念与勇敢的行动。当一个人将生命的爆发力汇聚到一起后，他就可能做出一番连自己都感到吃惊的事业。

婴儿心态

在备考的过程中，我们还要有“婴儿心态”。让心灵回归天真，自觉地刈除潜意识中的杂念，杜绝功利，唯求真诚，只有这样，我们才能拨开缠绕在我们心灵上的枯藤芜蔓，明确前进的方向，释放自身的潜能，最大限度地发挥优势，取得理想的成绩。

想要拥有“婴儿心态”，就要做到以下两点：一是剔除心中的杂质，让心境变得空明澄澈；二是涵育“放得下”的智慧，正如苏格拉底说的：“我没有那种失去了它就使我感到遗憾的东西。”

我们的心态在某种程度上决定着我们的命运，你以什么样的心态去生活，你的生活便是什么样子。好心态都是修炼出来的，所以我希望大家也都来修炼自己，尽情地享受生活，深刻地感悟人生，拥有良好的心态，活出自己的姿态。

45 做一个有修养的人

人之所以为人，是因为较之一般动物，他们有更高层次的精神追求，其中之一便是不断地修炼自我，使自己成为一个有修养的人。

修养，是从知识、文化、智慧与品德中涵育出的一种美质，既是一种内在力量，也是一种外在风貌。

讲究情操、修养，是我们中华民族的优良传统，古往今来的圣贤，无一不重自身修养，正所谓“修养之于心地，其重要犹如食物之于身体”。由此可知，修身养性、反省自新、陶冶情操、涵养道德，对一个高品位、高素质的人来说，意义非凡。

有的人，虽然学历很高，但可能依旧没有修养；而有的人，虽然未能接受良好的教育，但只要他心怀善念、勤于砥砺，也依然可以拥有良好的修养。

在人生的旅途中，为什么有的人能不断进步，而有的人不进反退？根源就在于他们在学习的过程中能否虚心受教。所谓“受教”，就是积极吸取有益的知识，并将之转化为自己的思想。同时，不但要受教，还要会“受气”。一个人如果只能接受别人的赞美，那他是不能真正提升自身修养的；只有将别人的批评乃至训斥也一并接受，才能有所醒悟、有所进步。

那么一个人要怎么做才叫有修养呢？是饱读诗书、懂事明理，还是与人为善、宽以待人？这可能很难下结论。但是，有一点我们可以肯定，那就是人的修养其实就体现在细微之处，越是小事，越能折射出人的修养。不少人都是通过观察一个人的言谈举止，来判断其修养高低的，如果一个人动不动就辱骂他人、损坏公物，那他的修养肯定高不到哪儿去。

鉴于此，我们要注意做到以下三点：

第一，调节好身体。比如，我们要合理膳食，积极参加体育锻炼，使自己拥有健美的体形和良好的精神风貌。

第二，运用好语言。谈吐体现着一个人的修养，但这并不意味着你就可以喋喋不休。在不清楚如何应对时，我们要“多闻阙疑，慎言其余”，将“沉默是金”的格言牢记在心。

第三，选择好着装。在穿戴上，我们应做到低调不张扬、整洁不邋遢。

随着中国国际地位的不断提升，中国也越来越与世界接轨。作为中国人，我们有责任向世界展示中国这一礼仪之邦的文明与风采。有些人认为礼仪就是繁文缛节，束缚了人的个性，这种认识其实是偏颇的。要知道，一旦你掌握了礼仪，能轻松自如地按照礼仪行事，使礼仪的精华渗透你的日常生活，你就会在各种场合中变得自信。

除了外部行为，以下三种内在品质同样重要：

第一，能站在对方的立场上思考问题。要想做一个有修养的人，就要时时处处为别人着想，有一颗宽容、善良的心。例如，小区住宅楼的每个单元都安有防盗门，当你开门外出时，正好有人跟在你身后，那么你是扶着门，等后面的人出来后再松手关门，还是自己一迈出门槛就松手关门呢？

第二，能遵从自己的内心行事。有些人不敢表达自己，有了意见也藏着掖着，只在私底下议论，而且遇事只知推卸、不敢担当。这其实是不负责任的表现，而不负责任的人是无法获取别人的信任的。所以，只要是良言、善事，我们就要敢说敢做——“表里如一”也是一个人内在品质的重要体现。

第三，能不断地鞭策自己。这就意味着我们要对自己严格要求，对自己的过错决不姑息纵容。一个“严于律人”却“宽以待己”的人，没有资格被称作有“修养的人”。

读书多不见得有修养，钱多不见得有修养，官大也不见得有修养。修养不是只顾自己体面却无视旁人自尊，不是只知索取而不知施与，不是处处显示自己的高贵却嘲笑别人的卑微，不是只会虚伪地怜悯同情却不去真诚地关爱帮扶……

修养源自历练，要想拥有它，说难也难，说易也易。北京师范大学的林崇德教授说过这样一句话："好习惯一辈子享用不尽，坏习惯一辈子偿还不完。"与人同行时，脚步稍微慢一点；说话时，声音稍微小一点；遇到下雨天，开车稍微慢一点，免得溅起泥水弄脏路人的衣裤；要发脾气时，克制一下……这些都是习惯，当然也是修养。

修养，凝聚着道德之美，经岁月濯洗而显露光华。让我们共同努力，去做一个有修养的人、一个魅力四射的人、一个创造美好的人、一个为大家尊重和喜欢的人！

46

读书是精神的旅行，旅行是身体的阅读

古人云“读万卷书，行万里路”，那么“读书”与“行路”到底孰轻孰重呢？其实，二者是同等重要的。

有人说，如果不读书，哪怕行了数万里路，意义也不大。北京、西安、杭州、洛阳，倘若未经历史的打磨，它们就只是一个个平凡的地名；故宫、长城、岱庙、西湖，正因有了文化的浸润，它们才未被时间风化。

若不读书，你所目睹的风景也是失色的，那么就算你踏破铁鞋，又有什么收获呢？

阅读不仅能赋旅行以深度，亦会让你的精神冲决肉身的禁锢。陈继儒《小窗幽记》中有言：“闭门即是深山，读书随处净土。”可见，哪怕是身处深山，阅读也能为你插上翅膀，带你来一场“纵横八万里，上下五千年”的旅行。

在书中，我们可以去古罗马的斗兽场，看一场惊心动魄的角斗；可以去古希腊的雅典学院，听智者们慷慨激昂的辩论；可以穿越回魏晋，与竹林七贤一起饮酒作诗；也可以来到北宋的汴京，感受市井的繁华喧腾……前人的每一部著作，都为我们开启了一扇通向远方的门，只要我们抬腿迈进去，就能去任何一个想去的地方、见任何一个想见的人——这就是阅读的魅力所在。

但是，若只是一味读书而不去现实世界中走走、看看，我们也就只能受困于文字的牢笼，孤独地做着幻梦。

庄子曾说："天地有大美而不言。"天地之间如此多的大好山河，都默默地张开臂膀、袒露胸膛，如同一本本摊开的书，等待我们用眼睛品鉴、用脚步丈量。这种切实的观感，是我们单凭抽象的文字无法真正获取的。

如果你不去绍兴，不去尝一碟茴香豆喝一碗黄酒，不去瞧一瞧长凳和四角方桌，那么鲁迅笔下的"孔乙己"便永远与你隔着一层纸。

如果你不去敦煌，不去感受一下莫高窟悠久深厚的佛教文化，那么你就无法真正体味出余秋雨《阳关雪》的深邃与苍凉。

如果你不去故宫，不去用脚感受砖石的厚重，不去用眼感受宫殿的雄伟，你就无法认知古代帝王所谓的"九五之尊"，无法理解他们那峰巅上的孤独，更无法明白为何有的帝王会为了守住这基业而兢兢业业，有的帝王会为了摆脱这孤独而放纵疯狂。

清代文人张潮曾说："文章是案头之山水，山水是地上之文章。"人的一生应在阅读与游历中度过，正所谓"善读书者，无之而非书：山水亦书也，棋酒亦书也，花月亦书也。善游山水者，无之而非山水：书史亦山水也，诗酒亦山水也，花月亦山水也"。

读书是精神的旅行，而旅行则是身体的阅读，这就像有的人总结的那样："读书，是向内旅行，去往精神世界；旅行，是向外读书，探索天地万物。"

在这样一个求"快"的时代，读书是"慢"的，旅行也是"慢"的，有些人之所以不去考虑读书、旅行哪个更好，是因为二者都不在他们的选项之中——他们认为读书与旅行并不能带给他们直接的、可视的利益。

但是，读书可以让你成为更好的自己，让你更有气质。"腹有诗书气自华"的道理人人都懂，曾国藩也说过："人之气质，由于天生，本难改变，唯读书则可变其气质。"优雅的气质，根源于人们内在的修养与才华，体现在人们的谈吐举止上。

同样，作为身体的阅读，旅行也能改变人的气质，让人的眼光更加高远、胸襟更加开阔。在旅途中，你会发现不同的人有不同的行为习惯，明白并不是每个人都会按照你的方式来生活，而你的性情自然也会变得宽和温厚起来。

同学们，去读书吧，去旅行吧，不要再为到底是先翻开书本还是先走出家门而犹豫不决。要知道，阅读和旅行就像人的双脚，只有同时发力，才能让你走得更远。

47 人为什么活着

“活着”和“生活”是两码事。“活着”仅仅意味着生物生命的延续，而“生活”则体现着人类对生命的深入思考。

“新东方”教育集团创始人俞敏洪曾这样描述人们生命的两种形态：

> 生命有两种活法。一种是像“草”一样活着，一样每年也能长一点点，也有绿色，也能享受雨露阳光，但你就是长不大——不仅长不大，还老被人践踏。而且，别人在踩了你以后是没感觉的，因为你就是一棵草。
>
> 还有另一种活法，就是想办法让自己变成一颗树种。如果你是一颗树种，那么即使被踩到泥土里，你也能够从中吸收养分，不断地成长。前两三年，你慢慢长，但十年、二十年之后，你就是一棵参天大树。在你变成一棵参天大树后，远处的人就能看见你、走近你，你也能帮助别人，给人一片绿色、一丝阴凉。人们离开你后回眸一看，你依然是地平线上的一棵树、一处美丽的风景。哪怕死了，你也依然是栋梁之材，让人们看的时候能够仰视你、用的时候能够亲近你。

可见，虽然都是活着，但“草”与“树”各自生命的意义和价值则大不相同。

人为什么活着？该怎样活着？这是每个人都要面对和深思的重要问题，如果想不明白，人的一生就是混沌的、糊涂的。

窃以为，人来到这世上，至少要做以下三件事：

第一，尽可能多地体验美好。世界是美好的，要想尽可能多地体验美好，我们就要有自己的兴趣爱好、眼光品位、价值追求与一定的经济基础，这需要我们走好人生的每一步，打好基础，不断积累——在求学阶段，要努力学习、充实学养，使自己有足够的能力去面对这个纷繁复杂的世界；工作后，则要借助自己的学识、智慧与阅历，做出恰当的判断与选择，朝着自己的目标坚定前行，最终做出一番事业。

第二，提高自身能力，优化自身条件。在人生中，你会面对很多选择，有时候是你选择别人，有时候是别人选择你，但不管是哪一种，你都得有资本和条件——这需要你下一番功夫，好好完善自己。

第三，承担责任。一个人只要活着，就必须承担责任。首先，你要为自己负责，让自己好好活着，活出尊严，活出自我；其次，你要为家庭负责，尽可能让你的家人过上更好的生活；再次，你要为社会负责，活出“大我”，造福他人。这三种责任，都需要你以勤奋作支撑、用智慧来斡旋。

没有人能随随便便地获得成功，“不经历风雨，怎能见彩虹”？幸福不会从天而降，机会是属于有准备的人的。一个天天只知吃喝玩乐的人，这辈子都不会成功。

48 为什么要尽可能上重点大学

为什么要尽可能上重点大学？不知你有没有深入地思考过这个问题。

对于这个问题，不同的人有不同的思考与理解。“大学之道，在明明德，在亲民，在止于至善。”“所谓大学者，非谓有大楼之谓也，有大师之谓也。”这些或许都是不错的解释。

我们之所以要尽可能去读重点大学，以下几点原因尤为重要：

其一，更易结交优秀的同学。你的大学同学是你人生中的一笔宝贵财富，在某种程度上，他们对你的重要性仅次于你的家人。在重点大学中，你更易结识到优秀的同学，而他们对你成长的帮助，也必然是巨大的。

其二，更易认知自己的能力。在重点大学中，你会遇到一群能力与你相当甚至比你还要出色的同学，于是，你会对自己有更加深刻而客观的认知，意识到“人外有人，天外有天”，弄清楚自己擅长做什么、不擅长做什么，以及优点是什么、缺点是什么，从而既不妄自尊大，也不妄自菲薄。

其三，更易提升自己的修养。在重点大学中，你往往会有更多的机会去听音乐会、看画展、参加社团、借阅好书，而你的文化修养、艺术修养、道德修养也会因此而不断完善、提升。

其四，更易养成独立思考的习惯。一般情况下，重点大学更注重培养学生的自主性，这于学生独立思考习惯的养成大有裨益。学会了独立思考，你就不会再人云亦云，而是自己去判断对与错；你也不会再迷信权威，而会明白“尽信书则不如无书”；同时，你会洞悉社会与人性的复杂性、多面性，从而变得更加理性。

其五，更易获取优质的知识。在重点大学中，你会接触到更多出色的教授，更易在学业上获得长进。当今，知识经济在社会经济的发展中渐成主流，知识也逐渐成为从业者的强大武装，没有知识的人，终究是做不出大事业的。

其六，能获得更有价值的文凭。在当今社会，文凭依旧是求职者至关重要的职场准入证，但这并不意味着你可以单纯抱着某种功利的目的，混张文凭了事。不可否认，重点大学的文凭的确能使你“增值”，但前提是你得有真才实学。

其七，更易在日后为你的孩子树立榜样。要知道，你的文化程度在某种程度上将影响你的教育水平，从而对你的孩子产生深远影响。虽然我们不能说文化程度低的父母培养不出优秀的孩子，但是文化程度高的父母往往更易为孩子提供更多的帮助。你自己能考取重点大学，这本身就能对孩子起到一种示范和引领的作用。

“人往高处走”，鉴于上述诸多原因，我们要有考取重点大学的远大理想与美好愿望，以求为人生提供更多的可能、增添更缤纷的色彩。

49 要有悲天悯人的公益情怀

提到“公益”，你会想到什么？有人说，“公益”是微信“朋友圈”里经常出现的“××筹”求助链接；有人说，“公益”是“希望工程”宣传画中那个大眼睛小姑娘渴盼读书的眼神；有人说，“公益”是2020年新冠肺炎疫情暴发时的“一方有难八方支援”……

“公益”是公共利益事业的简称，是“为人民服务却不求回报”的一种通俗说法，也指社会公众的福祉和利益。

与人为善是中华民族的传统美德，刘备在遗诏中说的“勿以善小而不为”就人所共知。所谓“善小”，便是举手之劳，虽微小，实珍贵，代表着人们于举手投足之间、俯仰坐卧之时、用语措辞之际表现出的优良品质。儒家认为，只有大家都心存善念、常修己行，这个社会才会变得美好和谐。

北宋著名政治家、文学家范仲淹曾在其名篇《岳阳楼记》中以“先天下之忧而忧，后天下之乐而乐”之语抒怀言志。这种胸怀天下的抱负，既是这位政治家矢志不渝的理想，也是这位慈善家终生持守的仁德。

范仲淹自幼家境贫寒，年少时读书于长白山僧舍，每天只熬一锅粥，待第二天粥凝结成饼状固体后，便用刀将“粥饼”切成四块，早晚各取两块，就着些咸菜，聊作饭食。范仲淹发奋于贫窭的经历，不仅为后人留下了“断齑画粥”的典故，也使他本人终生体恤穷人的疾苦。

身居显宦之后，范仲淹依然心系民生。他把自己积攒下的大部分家财拿出来，在家乡苏州郊外的吴县、长洲县购买土地一千亩，以地力所得救济当地的穷人，使他们“日有食，岁有衣”，这千亩田地也因此被人们誉为“义田”。当地凡有人家办婚丧之事，范仲淹都会予以资助，对于鳏寡孤独之人，他也会定期周济，故而这一带也被人们称作“义庄”。

除了扶贫济困，范仲淹还热心于家乡的教育事业。他曾在苏州南园购得一处草木葱茏、溪水环绕的好地，便在此修建了自家宅院。宅院建好后，范仲淹请了一位相地者前来勘查，相地者看后，连夸此地“风水”好，称范家若久居此处，“必踵生公卿”。范仲淹听后，却说：“吾家有其贵，孰若天下之士咸教育于此，贵将无已焉。”于是，他毫不犹豫地将房地献出，奏请朝廷批准在此设学立庙，以期培养出更多的人才。范仲淹捐宅兴学的举动在当时影响极大，以致当地富户纷纷效仿，吴中学术也日趋兴盛。

与范仲淹相似，南宋官员刘宰也是“见义必为”之士。南宋绍熙元年，刘宰举进士，随后被任命为江宁尉。当时江宁一带巫术盛行，民风颓然。刘宰到任后，为了疏瀹民智，使百姓免受巫鬼之害，立即着手清扫迷信活动，强令巫觋改行务农。为此，刘宰还专门下令保伍之间互相纠察，凡继续为巫或事鬼神者，一律严惩。刘宰的努力很快便见诸成效，当地风气焕然一新。

开禧北伐失败后，刘宰因厌倦了官场倾轧，便辞官归隐故里金坛。嘉定二年，金坛发生了饥荒，刘宰遂在当地创办了中国历史上第一个私人粥局，救济灾民。此后，在嘉定十七年和绍定元年，刘宰又两次设立粥局。据史书记载，其间受惠者，每日过万人。此外，在里居的三十年里，刘宰还在家乡设置义仓、创立义役，乡人凡无地可耕、无处可居者，刘宰皆倾力相助。

慈善文化在中国世代相承、深入人心，是中华文化的一个重要组成部分。中华民族历尽沧桑却始终巍然屹立、屡遭磨难却愈发坚韧不拔，皆得益于其勤劳、勇敢、智慧、善良的优秀品格，也得益于其扶危济困、乐善好施的传统美德。当前，中国国民的经济水平和生活条件已大幅提高，公益情怀也愈发彰显。

公益情怀的涵育，关键在于与人为善，这也是现代公民必备的一种修养。在社会主义核心价值观中，“友善”就是公民个人行为层面上的重要内容之一，它强调人们应互相尊重、互相关心、互相帮助、和睦相处，努力形成社会主义新型人际关系。

公益活动能体现出一个人的社会责任感和群体归属感，能正面展示一个人良好的品格和形象，同时还能为人们提供锻炼自己、提升境界的机会，使人们深入了解社会、认识自我，进而提升自身价值。

此外，互联网的普及也使公益事业发生了巨大变化——一部手机，动动手指，我们就可以轻松地完成捐赠，这让更多的普通人有了参与公益活动的机会。如2018年，中国民政部通过《慈善法》所指定的20家互联网募捐信息平台，共为全国1400余家公募慈善组织发布募捐信息2.1万条，点击、关注和参与的网民超过84.6亿人次，募集善款总额超过31.7亿元，较2017年同比增长26.8%。而且，互联网也让公益活动有了更多的“玩儿法”，如捐赠步数、捐赠阅读时间等，很多形式都非常有趣。

美国作家戴维·伯恩斯坦著有《如何改变世界》一书，裒辑了很多普通人借从事公益活动来“改变世界”的故事，书中有一句非常经典的话：“我们也可以改变世界。”所以，各位亲爱的同学，不要小看了我们每个人的力量，因为在很多情况下，改变世界的正是我们这些极其普通的人。

50 对生活有追求，对自己有要求

当前，我们生活在一个瞬息万变的时代中，每时每刻都可能有奇迹发生在你身上，只要你对生活有追求、对自己有要求。

每个人在其一生中都有各种各样的理想，这些理想也往往会随人们年龄、心态、习惯、所处环境的变化而发生改变。理想多一些不是坏事，但就怕你不采取实际行动，最终使其沦为空想。那么，一个人到底应该如何实现自己的理想呢？

让我们先来看看宋代古文运动的先驱柳开的故事。

柳开自幼喜读古文，因仰慕唐代文章大家韩愈、柳宗元而曾为自己改名肩愈、字绍元，意在继承韩、柳的复古遗志，荡涤五代的颓靡文风。

他在明确志向以后，对自己提出了严格的要求：每天都要刻苦攻读韩、柳二人的文章，不但要熟读成诵，还要逐字逐句地涵泳体味，推求文义，揣摩结构，同时模仿着进行写作。他每写完一篇，都要修改数遍，直到自己满意为止。

经过一番苦心孤诣的钻研与模仿，柳开才放开手脚独立创作，并请别人帮他品评修改。开始，他的文章总是不尽如人意，或是文句不够畅达，或是气势不够恢宏。

柳开反复琢磨，最终弄懂了“文如其人”的道理，认为写文章并非只涉及遣词造句的技巧，还跟个人的思想、道德、胸襟、修养与观察事物的能力息息相关。韩愈、柳宗元为人正直而有骨气，即便在政治上遭受磨难，也毫不屈膝，所以他们的文章才气势夺人；同时，他们对事物的观察又很细致，所以文章中的精彩描写触目皆是，读来娓娓动人。

鉴于此，柳开又对自己提出了新的要求：要像韩愈、柳宗元一样，做个正直的人，并学会细心观察周围的事物。

其实，柳开自幼疾恶如仇，年少时就曾执剑与破门而入的强盗展开搏斗。同时，柳开还仗义疏财，乐善好施。

柳开决定将这种优良品德保持下去，使个人修养不断提高，同时又常在闲暇时与朋友对弈，以此来培养自己的观察力与思考力。

经过一番“涵养”功夫，他觉得自己的文章的确有所长进了，这时候，他才敢拿着自己的文章去拜谒当时著名的文人、学者，并先后受到王祐、杨昭俭、卢多逊等人的赏识。

后人对柳开的文坛功绩素有定评，如范仲淹曾道：“近则唐贞元、元和之间，韩退之主盟于文，而古道最盛，懿、僖已降，寖及五代，其体薄弱。皇朝柳仲涂（柳开）起而麾之，髦俊率从焉。仲涂门人能师经探道，有文于天下者多矣。”

我们再看北宋另一位大文豪苏轼的故事：

苏轼是北宋中期的文坛领袖，在诗、文、词、字、画等领域均有不凡造诣。其文汪洋恣肆，其诗清新劲健，其词超旷豪迈，其字洒脱舒展，其画萧散恬淡。

苏轼刚入泮受学时，见同窗中有人传阅石介所写的《庆历圣德诗》，便将之抄了下来，指着诗中提到的韩琦、富弼、杜衍、范仲淹等人，请老师一一讲述他们的事迹。老师在讲述之后反问苏轼："你为什么对他们感兴趣？"苏轼回答说："古人云'见贤思齐'，我熟知这些贤臣的事迹，是为了便于向他们学习呀！"

苏轼在立下志向后，即刻付诸行动：用功读书，努力向这些前辈学习，培养自己各方面的能力，锤炼自己的情操与人格。后来，不管是从政为官还是待人接物，苏轼都时时向东汉的范滂与北宋的韩琦、范仲淹等人学习，力求做忠义直节之人。

正所谓"文如其人"，苏轼写的诗词文章，也往往充溢着至大至刚的浩然之气，开阖裕如，劲健壮阔。

从上述的柳开、苏轼身上，我们能学到许多有价值的东西：柳、苏二人从小就树立起远大理想，并为之奋斗不懈，最终收获了人生的成功——这就是理想的力量。有了理想，人们才有动力；人生胜败无常，但树立理想是人们迈向成功的第一步。为自己设定一个合理的目标，持之以恒地为之奋斗，那么即使你资质平庸，也终会有一番造就。

人生的可悲之处，不是实现不了自己的理想，而是不知道自己的理想是什么、通往成功的路在哪里。

的确，通往成功的道路是沟沟坎坎的，所以我们要对生活有追求、对自己有要求，做好人生规划，明确每一阶段的目标，然后坚定不移地为之奋斗。如果只有“心动”却没有行动，或一遇挫折就退缩不前，那么你的“理想”也将失去意义。

人生之路漫长曲折，选择拐入哪个路口因人而异，但只要步履不停，你就不虚此行——或会看到波澜壮阔的大海，或会看到巍峨绵延的群山，或会看到水平如镜的湖泊……无论是哪种风景，最终都会成为你生命中的美好回忆与宝贵财富，为你的人生涂上绚丽的色彩。

综上所述，我要再次强调：对生活有追求、对自己有要求，会让你一生受益。

附录

附录一

你努力的样子，我喜欢

◎安茂盛

锡华先生的新作《给新时代初中生的50节生命指导课》付梓在即，听闻消息，我满怀欣喜与期待。

说来，我与锡华先生结识、交往已有十余年了，之所以称其为“先生”，是因为他是我学术研究的引路人。

我们相识于2004年的春天，那时，我刚调到日照经济技术开发区任小学语文教研员，在语文教育研究上刚刚起步，任职于日照市教研室的锡华先生对我多有悉心指导与帮助。锡华先生是山东省知名的语文、思想品德教育专家，参加过省内很多重大课题研究工作和教材编写工作，是山东省骨干教师培训专家与山东省教科院兼职研究员。我在跟随锡华先生长达五年的学术研究中，通过开展语文教育学术研究，参加省、市小学语文专题研究活动，编写教材资料，亲身领略了锡华先生的深厚学养和澎湃激情，获益匪浅。

2008年，锡华先生“转战”至日照市实验小学，担任业务校长。虽然岗位发生了变动，但他对教学研究的热情丝毫未减，他在实验小学深耕细作，将多年来的研究成果进行试验推广，实验小学因而声名鹊起，成为日照市素质教育的一面旗帜，获得了“全国教育系统先进集体”的荣誉称号。

锡华先生对我的教学研究一直给予着关注与指导，使我在教研员这一岗位上迅速成长。后来，日照经济技术开发区的语文教育取得了一系列成果，得到了省、市教研部门的肯定，我也因此晋升为日照经济技术开发区教育科学研究中心主任。

2011年，锡华先生因在教科研领域取得了不俗成绩，调任日照市教育科学研究所所长，负责全市教科研和“新教育实验”工作。在新的平台上，他如鱼得水，以“新教育实验”为突破口，全面推动日照市的教育改革，使其实现了跨越式发展。朱永新先生曾高度肯定日照“新教育实验”的成就，把日照比作中国新教育的“金海岸”。

2014年11月8日至9日，“构筑理想课堂——2014年新教育国际高峰论坛”在日照举办，近千名国内外的教育专家、学者以及教师齐聚日照，共商“构筑理想课堂”大计。日照的新教育惊艳了世界，不仅让世界各地的教育界人士感受到了新教育的魅力，亦使日照教育再次备受瞩目。

在这一影响的辐射、带动下，2014年12月25至27日，“‘相约黄海之滨，共话区域推进’日照经济技术开发区新教育开放周”活动举办，将日照经济技术开发区的教育改革推向了潮头。我能有幸成为该区教育改革的“弄潮儿”、受聘为山东省教育科学研究院兼职研究员，皆得益于锡华先生的全力支持和无私帮助。

2015年，锡华先生作为教研人才，被引进到北京实验学校，任北京实验学校附属中学党总支书记、执行校长。在新的岗位上，他满怀着对教育的激情和热爱，关注学生的生命成长，以期以生命影响生命、以生命唤醒生命、以生命激发生命。拜读了《给新时代初中生的50节生命指导课》的初稿之后，我深切地感受到了锡华先生“生命至上”的教育情怀。

教育的意义在于拓展生命的长宽高，让每个人成为最好的自己，使每个人的生命幸福、完整。由此，我衷心祝愿锡华先生能够继续保持强劲的研究动力，在“生命教育”上取得更大的成就，以崭新的姿态迎接新时代教育的挑战。

附录二

歌吟的行者

◎张传德

在教育的百花园里，他是歌者，更是行者，这是我对锡华刻在骨子里的印象。

2020年年初，新冠肺炎疫情席卷了神州大地，在这场灾难中，形形色色的人演绎出了各式各样的人生剧目。《给新时代初中生的50节生命指导课》一书，便是锡华在这段时间中的独特贡献，是他埋首教育事业三十多年的厚积薄发，体现着一位教育者诲人不倦的深挚情怀。

之前，锡华从北京来电，说他有新作竣稿，请我帮忙审阅一下，以诤友的身份提提建议。我有些惶恐，虽然我也是个喜欢“著书立说”的人，但我写的毕竟都是些“小儿科”的东西。不过，我还是欣喜地接受了这个光荣的任务——为老友有新作问世而欣喜，为他远超同侪的成就而欣喜。

我与锡华相识于20世纪90年代，当时，我们都在日照五莲一个偏远的乡镇任教，我教小学，他教初中，虽然就年龄与资历而言，我算小弟，但对文学的共同爱好则让我们两个一见如故，成为莫逆之交。

锡华多才多艺，在音乐、书法、文学创作上都有较高造诣，正因为这一点，乡下的浅水藏不住卧龙，他很快就被越级调到日照市教研室担任教研员。更高的平台是为勤奋者打造的，他在日照市教研室如鱼得水，很快就号准了教育的脉象，成了当地有名的教育专家。而后，他又到日照市实验小学挂职校长，实践、验证了自己的教育理念，并将自己的教育观推广开来。

锡华是个有情怀的人，一直牵挂着祖国边疆教育事业的发展，于是，在2011年，本在日照市实验小学干得风生水起的他毅然带队援疆去了。他走遍了新疆喀什地区的山山水水，走访了众多牧民，将优良的教育学“种子”播撒在了当地的众多学校中。他脚趾所触及的地方、视线所触及的地方，都成了他笔下的素材，他的《援疆日记》陆续刊登在《山东教育》上，成为山东省援疆干部不可多得的精神财富。

援疆归来后，锡华调任日照市教育科学研究所所长——这也是一个能让他一展拳脚的岗位。没过多久，他就敏锐地觉察到朱永新先生的“新教育实验”契合日照的教育发展前景，与他的教育理念也不谋而合。

自此，日照的教育事业翻开了新篇章，全市推行了“新教育实验”，从全国各地前来观摩学习的人络绎不绝。之后，“全国新教育大会”

在日照举办，“新教育国际高峰论坛”在日照举办，“全国新教育开放周”在日照举办……“新教育”不仅成了日照教育事业的代言，也成了日照城市形象的名片。这中间，锡华倾注的心血不可估量——他为日照教育引吭高歌，他为日照教育铺石开路。

由于自身能力出众，锡华不断突破着自己，一步步走向更高的发展平台。他的这一发展历程，本身就是一部书。

我是怀着一种激动而欢快的心情拜读全书的。不看正文，仅看目录，我们就能知道这本书有多么求真务实——直面问题，善于质疑，敢于挑战，对最前沿的教育问题一一剖析、一一阐释，体现着一位教育者的敏锐洞察与深刻反思。

锡华本是一个有学问、有情怀还不乏幽默感的人，所以对于书中的每一个问题，他都能旁征博引，让历史名人“现身说法”，熔议论、抒情、叙事于一炉，汪洋恣肆，纵横捭阖，兼具深度、广度、亮度与温度。人读之，有濯清泉之爽畅，有闻飞瀑之憬悟。

都说阅读是精神之旅，我读这本书，获得的便是一种极大的精神满足；读者捧卷读之，想必也会有愉快的体验。

《给新时代初中生的50节生命指导课》书里书外的故事，不仅使锡华成就了最好的自己，想必也会对每一位读者有所助益。

后记

聆听窗外声音

“聆听窗外声音”，是我2015年到北京实验学校工作后重点从事的一个项目。之所以做这样一个项目，主要是由于我的一次“思想经历”。

“聆听窗外声音”是“新教育实验”发起人朱永新先生提出的“新教育”十大行动之一，旨在通过出席报告会、参加社区活动、与名家对话等方式，充分利用各种教育资源，引导学生开阔视野、热爱生活、关心社会、形成正确的价值观，让学生看到真实的世界、听到真实的声音、领悟人生的真谛，进而点燃生命激情、提升精神高度。

2010年7月13日至14日，中共中央、国务院在北京召开全国教育工作会议，提出了未来几年教育发展的目标：坚持育人为本，以改革创新为动力，以促进公平为重点，以提高质量为核心，推动教育事业在新的历史起点上科学发展，加快从教育大国向教育强国、从人力资源大国向人力资源强国迈进，为中华民族伟大复兴和人类文明进步做出更大贡献。

当时，我在日照市教育科学研究所任所长，为新形势下日照教育的发展问题困惑、迷茫。就在那时，日照市民进主委、副市长徐清，邀请民进中央副主席朱永新先生来日照金海岸小学做了一场题为《让师生过一种幸福完整的教育生活》的报告。这让我和日照教育界同仁知道了有一种教育叫“新教育”，有一种理念是“只要行动，就有收获；只有坚持，才有奇迹”，有一种理想是“过一种幸福完整的教育生活”，知道了“十大行动”“五大理念”“四大改变”。

朱先生的报告以崭新的理念、鲜活的实例、丰富的内涵、生动的语言引起了与会人员的共鸣，使大家对教育的使命有了更深的领悟，对教育的未来有了更强的信心。朱先生的报告，对于我和日照市的教育工作者来说，无异于一种“窗外声音”。

自此，日照市全面加入“新教育实验”，从2010年到2014年，仅四年时间，日照市的“新教育实验”就获得了社会各界的高度赞誉和全力配合，教师和学生的精神面貌发生了巨大的转变，日照市的高考录取率连续四年稳居山东省第一方阵、教育工作群众满意度连续三年位居全省第一。“新教育”，成为日照教育的一张亮丽名片。

当下，很多地方的学校教育依旧是相对封闭的，孩子们所接触的事物是没有经过“选择”的，所听到的声音主要是老师和家长的声音，所学习的榜样则大多是成绩好的学生。可是，如果孩子们缺少对社会的认知，缺少对各类名人传奇经历的了解，就难以点燃自己的人生激情、激发自己的进取之心，久而久之，他们只能变成呆板僵化的“学习机器”，变得平庸、固陋、死气沉沉。

朱永新先生曾说："一个学生、一个教师，如果仅仅生活在课堂中，仅仅阅读教科书，仅仅做练习题，听不到窗外的声音，看不到窗外的世界，那么这样的教师和学生是难以真正成长的。"又说："人是需要被激发的，我们每个教师、每个学生都需要被激发。但日复一日、年复一年的学校生活，往往会使很多教师和学生失去生活的激情，失去一种进取的状态。"

2016 年 5 月，我来到北京实验学校附属中学任党总支书记与执行校长。这所学校位于北京的平谷区（属于城乡接合部），学生受家庭经济条件所限，大多见识较少、眼界亦窄。

为了让师生更好地接触社会、了解社会、丰富阅历、认识自我，我在学校开设了"绿苑讲堂——校长的成长教育课"，围绕着师生成长、发展中的困惑与疑难，与师生展开对话，指引他们走出封闭的空间，领略大千世界，进而点燃生命的激情、体验成长的快乐。

我往往将这门课放在开学典礼、毕业典礼、学生的青春礼等场合进行讲授，以期赋予其一种庄严的仪式感，使其能够对师生产生有效的精神影响。

自开设以来，该门课程受到了教师、学生和家长们的热烈欢迎，他们纷纷建议我将授课内容整理出来，与更多的人分享。2020 年疫情防控期间，我对这五十节课的讲稿进行了回顾、梳理与润色，将它们厘为六个专题，奉献给大家。

在此，我感谢朱永新先生，是他的教育思想给了我启发和灵感；感谢北京实验学校教育集团的曾军良校长，是他为我提供了发展平台，激励我不断挑战自我、深入研究、努力奋斗；感谢北京实验学校附属中学的领导、老师和学生，是大家的问题激发了我的思考和写作，是大家的鼓励和肯定给了我信心和坚持下去的动力；感谢我的老朋友、山东省日照市五莲县街头镇中心小学的张传德老师和日照市教育科学研究中心前主任安茂盛先生，是他们为我的书稿提出了许多宝贵的建议；感谢我的夫人王亮雪，是她对我的鞭策和鼓励使我保持清醒、不敢懈怠。

愿我的这本小书能够帮助更多的读者，使他们尽可能地去“聆听窗外声音”，通过努力，成为最好的自己。

徐锡华

2020 年 10 月于北京平谷